Édipo

PSICANÁLISE PASSO-A-PASSO
Direção: Marco Antonio Coutinho Jorge

Ver lista de títulos no final do volume

Teresinha Costa

Édipo

3ª reimpressão

ZAHAR

Jorge Zahar Editor Ltda.
rua Marquês de S. Vicente 99 – 1º | 22451-041 Rio de Janeiro, RJ
tel (21) 2529-4750 | fax (21) 2529-4787
editora@zahar.com.br | www.zahar.com.br

Grafia atualizada respeitando o novo
Acordo Ortográfico da Língua Portuguesa

3ª reimpressão: 2016

Preparação: Marina Xavier Bruno de Souza
Revisão: Michele Mitie Sudoh, Eduardo Farias
Composição: Futura
Capa: Sérgio Campante

CIP-Brasil. Catalogação na fonte
Sindicato Nacional dos Editores de Livros, RJ

Costa, Teresinha, 1942-
C871e Édipo / Teresinha Costa. – Rio de Janeiro: Zahar, 2010.
(Psicanálise passo-a-passo; 89)

Inclui bibliografia
ISBN 978-85-378-0209-0

1. Édipo, Complexo de. 2. Édipo (Mitologia grega).
3. Psicanálise. I. Título. II. Série.

CDD: 150.195
10-0809 CDU: 159.964.2

Sumário

Introdução

O *complexo de Édipo* é um dos conceitos fundamentais da psicanálise e consiste, como o próprio termo "complexo" indica, em uma rede de relações que ocorrem na infância de todo sujeito e que é responsável pela organização de nossa subjetividade desejante. Já nos primórdios da psicanálise, Freud afirmava a universalidade dos desejos edipianos, dizendo que cada criança deve realizar um caminho para superar o complexo de Édipo e ter acesso à sexualidade adulta.

Ao acompanharmos o percurso de Freud no que se refere à sexualidade infantil, observamos que, desde os "Três ensaios sobre uma teoria sexual", ele indica o pluralismo dos componentes da sexualidade e sua origem infantil, assim como a existência de outras zonas erógenas além dos órgãos genitais.

Freud descreve o destino da vida sexual infantil, do autoerotismo à primazia dos órgãos genitais, isto é, a subordinação das pulsões parciais à finalidade da reprodução, ou a passagem do autoerotismo ao aloerotismo. Esse desenvolvimento é marcado por dois tempos: no primeiro, há o predomínio das pulsões parciais e o pluralismo das correntes pulsionais, cada uma tendendo isoladamente à satisfação que lhe é própria; no segundo, ocorre uma interrupção brusca da vida sexual e a partir dos cinco ou seis anos tem início o período de latência.

Assim, no primeiro tempo, a relação objetal é estabelecida e o corpo da criança é erogeneizado por meio dos cuidados maternos; durante o período de latência, a atividade sexual é interrompida; e, numa segunda fase, a puberdade, as pulsões parciais devem ser subordinadas definitivamente à finalidade da reprodução, ao mesmo tempo em que o adolescente renuncia a seus primeiros objetos de amor – os pais – para poder vincular-se a outros tipos de relação fora do âmbito familiar.

Nesse momento inicial da teorização, Freud não vincula o período de latência ao declínio do complexo de Édipo, pois esse conceito só aparecerá em sua obra mais tarde. Tal complexo apresenta uma função normativa, na medida em que cabe a ele levar o sujeito a uma determinada posição sexual – assunção de seu sexo – e a uma atitude social adulta. Quando não superado, vai continuar a exercer, a partir do inconsciente, uma ação importante e consistir, com seus derivados, no complexo central de diferentes tipos de estrutura.

Ligado à fase fálica da sexualidade infantil, o Édipo é, portanto, o processo que atua na estruturação de toda a organização psíquica e, nesse sentido, as estruturas clínicas – neurose, perversão e psicose – devem ser consideradas observando-se as relações triangulares de amor, desejo e gozo aí produzidas. Dito de outra maneira, castração e

Édipo articulam-se como modos de acesso do sujeito ao seu gozo, ao seu desejo, à sua sexuação.

Lacan se referiu ao complexo de Édipo sob a forma da metáfora paterna, que vai dar uma resolução à tríade imaginária mãe-criança-falo, na qual o desejo da mãe tem um papel fundamental. A metáfora paterna inscreve a impossibilidade de completude de todo ser humano e possibilita a sua inscrição enquanto sujeito do desejo. Para Lacan, ao se falar de complexo, já estamos nos referindo à estrutura. Ou seja, ele usa o termo "complexo" tal como Freud o utilizou ao teorizar sobre o Édipo, fazendo-o operar como um antecedente do conceito de estrutura, que passa a se impor no seu ensino a partir de 1953.

Em 1938, em *Os complexos familiares na formação do indivíduo*, Lacan definiu a família moderna como uma redução da antiga ordem familiar primitiva, caracterizada por grupamentos mais numerosos. E descreveu os inúmeros complexos que se originam no seio dessa família conjugal, isto é, o *complexo de desmame*, o *complexo de intrusão* e o *complexo de Édipo*. O complexo de desmame organiza a relação entre a mãe e a criança; o complexo de intrusão organiza a relação entre a mãe, a criança e o rival imaginário; e o complexo de Édipo organiza a relação entre a mãe, a criança e a "imago" paterna.

O complexo de Édipo é uma invenção da psicanálise e coincide com a decadência da "imago" paterna. É herdeiro da família paternalista fundada na tradição judaico-cristã, onde o pai é idealizado. Lacan pretende destacar o papel essencial do pai como terceiro elemento na relação entre a mãe e a criança, mas concebe o Édipo fora do ideal paternalista, sem levar em conta essas tradições, diferenciando a função paterna das exigências matrimoniais. Como veremos mais adiante, para que um homem possa ocupar esse lugar do pai é necessário que, dentre outros requisitos, faça dessa mulher o seu sintoma. A primeira função dessa imago é a interdição da mãe e a instauração da Lei. A Lei, ao mesmo tempo que interdita, funda o desejo, fazendo com que não haja Lei sem desejo, nem desejo sem Lei. Lacan irá deslocar o pai do lugar de genitor para o campo do simbólico e passará a designá-lo com um nome: *Nome-do-Pai.*

Breve histórico do conceito

Desde 1897, Freud faz referência ao complexo de Édipo, mas não encontramos em sua obra um artigo dedicado exclusivamente à sua teorização – a única exceção é o tardio "A dissolução do complexo de Édipo", de 1924. Somente em 1910 a expressão "complexo de Édipo" aparecerá como um conceito psicanalítico e, para acompanharmos a sua sistematização e o seu desenvolvimento progressivo, torna-se necessário percorrermos toda a obra freudiana, desde a correspondência de Freud com Fliess, entre 1887 e 1904, até 1931, quando Freud teoriza a respeito da sexualidade feminina.

Como teremos a oportunidade de desenvolver neste livro, inicialmente Freud presume existir um paralelo completo entre a vivência edípica no sexo masculino e no feminino, ou seja, que a primeira afeição de uma menina é para com seu pai e os primeiros desejos do menino são dirigidos à sua mãe. Mais tarde, em 1923, ao descrever a fase fálica, no artigo "A organização genital infantil", ele estabelece que há diferença entre os processos no menino e na menina, mas reconhece que o que se passa com a menina ainda lhe é desconhecido.

Sabemos que Freud sempre se queixou da obscuridade que envolve a vida sexual das mulheres, chegando até a escrever a Marie Bonaparte que, apesar de seus 30 anos de pesquisa sobre a alma feminina, ainda não fora capaz de responder à questão: o que quer a mulher? No entanto, o problema da história sexual das mulheres sempre esteve em sua mente e, em 1925, no artigo "Algumas consequências psíquicas da distinção anatômica entre os sexos", encontramos a síntese de fragmentos de conhecimentos obtidos no decorrer de muitos anos de pesquisa: a importância da fase *pré-edipiana*; a diferença entre os complexos de *castração* e de *Édipo* do menino e da menina; e a diferente construção do *supereu* em cada um. Entretanto, essas descobertas ainda não eram suficientes para explicar o "enigma" da sexualidade feminina. Toda essa teorização será ampliada posteriormente no artigo "Sexualidade feminina", escrito em 1931, mas a vida sexual da mulher continuava sendo um "continente negro", um campo ignorado. No ano seguinte, por ocasião de uma conferência dedicada à questão da feminilidade, Freud reconheceu os limites de sua teorização e, no final da conferência, sugeriu aos ouvintes que, se desejassem saber mais a respeito da feminilidade, indagassem suas próprias experiências de vida: "Consultem os poetas, ou aguardem até que a ciência possa lhes dar informações mais profundas e mais coerentes."

Depois de Freud, muitos teóricos se debruçaram sobre o estudo do complexo de Édipo e a sua importância na constituição do sujeito, alguns divergindo até o ponto de ruptura, como Jung e Adler, outros operando modificações a partir da prática clínica, tal como ocorreu com Melanie Klein. Mais recentemente, Lacan propôs um retorno a Freud, fazendo uma reavaliação teórica da doutrina. No decorrer de todo o seu ensino, Lacan dedicou-se à formalização da psicanálise. O retorno a Freud proposto por ele consistiu em uma tentativa de reconduzir a psicanálise aos seus trilhos originais, uma vez que alguns mal-entendidos foram criados pelas primeiras analistas que trabalharam com crianças. Para se ter uma ideia, os psicanalistas da escola inglesa passaram a enfatizar apenas o lugar central da mãe na constituição do sujeito, em detrimento da função simbólica do pai. Sustentavam que a doença mental tinha como causa principal as perturbações relativas aos cuidados que as mães dispensavam à criança. Em sua releitura da obra de Freud, Lacan recorreu aos conceitos da linguística estrutural de Saussure, mas também se apoiou em outros saberes, como a lógica e a topologia, utilizando-os como ferramentas de trabalho.

Enfocaremos, inicialmente, o conceito do Édipo na correspondência Freud-Fliess e ao longo da obra de Freud. Posteriormente, destacaremos a importância da fase pré-edípica e o Édipo precoce na teorização de Melanie Klein e finalizaremos abordando os desenvolvimentos teóricos propostos por Lacan, entre os quais destacaremos dois: o conceito de pai real como agente da castração e a função de mediação da palavra da mãe.

O Édipo na correspondência Freud-Fliess

Wilhelm Fliess era um jovem médico otorrinolaringologista que compartilhava com Freud o interesse pela sexualidade. Fliess estava realizando pesquisas sobre a fisiologia sexual, estudando as relações entre o nariz e os órgãos genitais e, desde 1887, quando se conheceram através de Josef Breuer, tornaram-se grandes amigos. Freud encontrou em Fliess um apoio para o que vinha desenvolvendo sobre a etiologia sexual das neuroses. O ponto de interesse dos dois era a *bissexualidade*, conceito muito em voga nessa época. Unidos por esse interesse comum, iniciaram uma amizade que durou de 1887 a 1904. Durante todo esse período, os dois mantiveram uma correspondência epistolar assídua, e essas cartas transformaram-se em um valioso documento para os psicanalistas. Constatamos que Fliess veio ocupar o lugar de analista para Freud, pois era a ele que Freud endereçava suas questões fundamentais, tanto pessoais quanto teóricas. Podemos afirmar, segundo O. Mannoni, que essa foi a "análise original", ou seja, a primeira relação verdadeiramente analítica. No entanto, se Freud se dirigiu a Fliess como o *sujeito suposto saber*, não foi desse lugar que Fliess respondeu. Ao teorizar uma periodicidade própria ao sexo masculino e outra ao sexo feminino, Fliess respondeu do lugar do sujeito que tem um saber, "*o saber sobre o sexo*". Fliess era adepto de uma teoria mística e organicista da sexualidade e adotara o termo bissexualidade para designar simultaneamente a homossexualidade e a heterossexualidade *biológicas* presentes em todos os seres vivos, ao passo que, para Freud, a bissexualidade era um conceito *psicológico*.

A amizade não foi suficiente para sustentar o relacionamento tão intenso entre esses dois desbravadores da ciência. Por conta do rigor de seu pensamento e de sua busca da verdade, Freud acabou se afastando de Fliess. Ele percebeu que o conceito fliessiano de bissexualidade não correspondia a um sistema de pensamento coerente e adequado à realidade.

Foi somente muitos anos após a morte de Freud que sua filha, Anna Freud, permitiu que algumas cartas de Freud a Fliess fossem publicadas, mas somente em 1985 foi feita uma edição completa. Quanto às cartas que Fliess redigiu para Freud, parece que foram destruídas. Considero importante esse preâmbulo para ressaltar o valor dessa correspondência, pois, ao longo de suas páginas, descobrimos as primeiras indagações e formulações de Freud sobre a histeria, a neurose e o Édipo.

O primeiro esboço de referência de Freud ao complexo de Édipo encontra-se na "Carta 64", de 31 de maio de 1897, quando ele relata um sonho com Mathilde, sua filha mais velha. O sonho mostra o desejo de Freud de encontrar um pai que seja o causador da neurose: "Recentemente, sonhei ter sentimentos excessivamente afetuosos por Mathilde, só que ela se chamava Hella. O sonho, é claro, mostra a realização de meu desejo de encontrar um pai originador da neurose."

Posteriormente, no "Rascunho N", que acompanha a referida carta, Freud afirma que os impulsos hostis contra os pais também constituem um elemento integrante das neuroses. É comum encontrar nos filhos o desejo de morte em relação ao pai e, nas filhas, esse mesmo desejo frente à mãe. Essa é a *primeira indicação implícita do complexo de Édipo* na obra de Freud, que emergirá por completo na "Carta 71", de 15 de outubro de 1897, mais ou menos cinco meses depois da "Carta 64".

Nesse ínterim, Freud começa a perceber que alguma coisa não caminhava bem na prática clínica e, em 21 de setembro de 1897, na conhecida "Carta 69", revela, pela primeira vez, suas dúvidas a respeito da etiologia traumática das neuroses. Esse foi um momento importante, que o levou a introduzir modificações tanto na teoria quanto na sua prática clínica. Freud manifesta a Fliess suas insatisfações em relação às teorizações formuladas até então. Afirma com veemência: "Não acredito mais em minha neurótica", e, como motivo para sua descrença, aponta a falta de sucesso das análises que vinha conduzindo e o consequente abandono do tratamento pelos analisandos, mesmo aqueles que já haviam estabelecido uma transferência e se mostravam interessados nesse tipo de tratamento. Além desses motivos, Freud se surpreendeu diante de outro fator: começou a duvidar de que seus pacientes tinham realmente sido seduzidos pelos pais. Ele questionava se teríamos de acusar todos os pais, incluindo o seu, de pervertidos. Portanto, se as histéricas relatavam cenas de sedução é porque desejavam ser seduzidas pelos pais. Esse foi um momento de grande importância em sua teorização e que levou à descoberta de dois conceitos fundamentais: o conceito de *fantasia* como encenação do *desejo* e o conceito do *complexo de Édipo*. Freud constatou que "não há indicações de realidade no inconsciente, de modo que não se pode distinguir entre a verdade e a ficção", ou seja, a *realidade psíquica* é a determinante, não a factual.

Essas conclusões levaram Freud a abandonar a hipnose como método terapêutico e também a explicação que até então sustentava para a etiologia da histeria, a de que esta estaria ligada a um trauma sexual ocorrido na infância, ou seja, que a histérica teria sido seduzida pelo pai ou por um adulto. Freud não podia mais manter a tese de que tantos pais, ou substitutos paternos, eram, de fato, sedutores. Em outras palavras, a partir desse momento, Freud considerou que "a menina torna-se a protagonista dessa fantasia de sedução, e o pai se converte no parceiro da dialética do desejo". Portanto, a fantasia sexual tem como tema os pais e pode operar com toda a força das experiências reais.

Encontramos na "Carta 71", escrita em outubro de 1897, a *primeira apresentação explícita do complexo de Édipo*, sobre o qual, como vimos anteriormente, já há um leve indício no "Rascunho N". Nessa época, Freud estava vivendo um momento pessoal bastante penoso, pois seu pai estava prestes a morrer. Ele estava empreendendo sua análise com Fliess e, após ter ido ao teatro, escreveu-lhe afirmando ter descoberto em si mesmo o fenômeno da paixão pela mãe e do ciúme por seu pai, e agora considerava este um "acontecimento universal do início da infância".

Portanto, a lenda grega, transposta por Sófocles para o teatro, expressaria uma compulsão presente em cada um de nós. A descoberta do complexo de Édipo resultou da identificação de Freud com a versão trágica do mito elaborada por Sófocles.

O mito de Édipo

Freud se baseia no mito da tragédia *Édipo rei*, de Sófocles, para construir sua teoria do complexo de Édipo, principal acontecimento da vida sexual infantil. Além do mito de Édipo, Freud utiliza os mitos de *Moisés* e do *Pai da horda* para abordar uma questão central em sua obra: o que é ser pai? O ponto comum desses três mitos é o assassinato do pai. Os mitos do Pai da horda e o mito de Moisés abordam as consequências do assassinato do pai enquanto fundante de uma lei social, e o mito de Édipo "permite a Freud interrogar, perscrutar esse ponto cego que é a passagem da natureza para a cultura". O complexo de Édipo é a metáfora que Freud utiliza para abordar a inscrição da castração e da lei simbólica no psiquismo de cada sujeito.

Vejamos o mito de Édipo rei na versão de Sófocles.

Na mitologia grega, Édipo é filho de Laio e Jocasta, rei e rainha de Tebas. Para evitar que se realize o oráculo de Apolo, que previra que ele seria morto pelo filho, Laio entrega o jovem Édipo a um pastor no monte Citeron, depois de lhe transpassar os pés com um prego de modo que não pudesse se mover. Essa foi a origem de seu nome, que significa "pé inchado". Em vez de obedecer à ordem de Laio de matar a criança, o pastor o entrega a outro pastor, que, em seguida, o entrega a Pôlibo, rei de Corinto, e à mulher deste, Mérope, que não tem descendentes. Eles lhe dão o nome de Édipo e o criam como filho.

Édipo cresce e ouve comentários sobre não ser filho legítimo de Pôlibo e dirige-se a Delfos para consultar o oráculo, que, de pronto, lhe responde que ele matará o pai e desposará a mãe. Para escapar dessa previsão, ele viaja. Desconhecido para Édipo, seu pai verdadeiro, Laio, estava também viajando pelas redondezas de Delfos. Na estrada para Tebas, Édipo cruza por acaso com Laio. Os dois brigam e Édipo o mata. Nessa época, Tebas vinha sendo aterrorizada pela Esfinge, monstro feminino alado e dotado de garras que mata todos aqueles que não decifram o enigma que ela propõe sobre a essência do homem: "Quem é aquele que anda sobre quatro pés, depois sobre dois e, depois, sobre três?" Édipo dá a resposta certa – "o homem" – e a Esfinge se mata. Como recompensa, Creonte, o regente de Tebas, dá-lhe por esposa sua irmã, Jocasta, com quem Édipo tem dois filhos, Eteócles e Polinices, e duas filhas, Antígona e Ismene.

Os anos passam. Um dia, a peste e a fome se abatem sobre Tebas. O oráculo declara que os flagelos desaparecerão quando o assassino de Laio tiver sido expulso da cidade. Édipo pede então a todos que se manifestem. Tirésias, o adivinho cego, conhece a verdade, mas se recusa a falar. Por fim, Édipo é informado de seu destino por um mensageiro de Corinto, que lhe anuncia a morte de Pôlibo e lhe conta como ele próprio, no passado, havia recolhido um menino das mãos do pastor para entregá-lo ao rei. Ao saber da verdade, Jocasta se enforca. Édipo vaza os próprios olhos e, em seguida, se exila em Colono com Antígona, enquanto Creonte retoma o poder.

Na obra de Freud, o complexo de Édipo não corresponde exatamente ao mito grego de Édipo.

Mas, o que é um mito? Qual é a função psíquica dos mitos?

Lacan, em *O Seminário*, livro 4: *A relação de objeto*, afirma que "o mito tem, no conjunto, um caráter de ficção", o mito é uma forma de semidizer a verdade. Os mitos se referem à relação do homem com os enigmas de sua existência, quais sejam, as questões sobre a vida, a morte, o nascimento, o sexo. Diante de um impasse existencial, o sujeito constrói mitos. No entanto, o mito não diz tudo sobre o enigma do que é o ser humano, resta sempre algo por dizer. Ele satisfaz forçosamente às exigências da estrutura da linguagem, constituindo um modo de organizar um discurso para preencher uma verdade impossível de transmitir. Em outras palavras, é uma ficção em que o sujeito se apoia para dar conta de sua falta estrutural ou, como formula Lacan em "Televisão", "o mito é a tentativa de dar forma épica ao que se opera na estrutura".

Em 1908, em "Sobre as teorias sexuais das crianças", referindo-se às teorias sexuais que a criança elabora ao se deparar com o enigma da diferença sexual, Freud afirma que essas teorias, embora sejam falsas em relação à realidade material, contêm um núcleo de verdade correspondente às correntes pulsionais, ou seja, estão de acordo com as características da sexualidade infantil. É nesse sentido que entendemos a afirmação de Lacan de que a verdade tem a estrutura da ficção.

Lacan refere-se aos mitos em vários momentos de seus seminários. Em *O Seminário*, livro 4: *A relação de objeto*, ele aborda tanto as teorias sexuais infantis quanto a construção mítica significante na fobia do *pequeno Hans*. Em *O mito individual do neurótico*, afirma que "o mito é o que confere uma fórmula discursiva a qualquer coisa que não pode ser transmitida na definição da verdade, porque a definição da verdade não pode se apoiar senão em si mesma". Somente quando estruturada como um mito, ou seja, como uma narrativa, a palavra pode exprimir algo e adquirir valor de verdade subjetiva. O mito, apreendido como a história do sujeito, permite exprimir, de forma imaginária, a história de seu grupo familiar originário. Constitui-se, na realidade, pelo conjunto de histórias que são passadas ao sujeito por sua tradição oral familiar e que têm valor de verdade subjetiva, pela apreensão que dela teve o sujeito, e não de verdade factual. É em suplência ao que não pode ser transmitido que o sujeito constrói o seu mito.

O complexo de Édipo refere-se à forma mítica da origem da Lei. A Lei simbólica está referida à psicanálise como a noção de Lei primordial, fundadora das leis sociais. Ela equivale ao que Freud nomeou como a Lei da *interdição do incesto*. O gozo a que o sujeito aspira, figurado pelo incesto mãe-filho, não é permitido em razão da intervenção da instância paterna, representada pelo Pai simbólico. Freud abordou a estrutura da Lei que vem barrar o gozo incestuoso da mãe com o filho em dois mitos – *Totem e tabu* e *Édipo* –, nos quais encontramos, respectivamente, como assinala Antonio Quinet, duas versões do pai: o *Pai-gozo*, que está fora da Lei, é o pai da horda primitiva; e o *Pai-desejo*, que instaura a Lei, é o pai edípico. O mito de *Édipo* evidencia que o gozo da mãe está interditado, ao passo que o mito de *Totem e tabu* associa tal interdição ao parricídio.

Em 1913, no ensaio *Totem e tabu*, Freud descreve a origem das proibições sexuais afirmando que, por mais primitiva que seja a sociedade, há sempre uma proibição sexual que se denomina tabu do incesto, e situa o totem como um representante do pai, da Lei.

O totem pode ser entendido como o guardião de uma tribo constituída por pessoas de ascendência comum. Cada uma dessas tribos tem um totem, que pode ser um animal comestível inofensivo, ou um animal perigoso e temido; mais raramente, um vegetal ou um fenômeno natural, como a chuva ou a água, é escolhido como objeto sagrado, agrupando os integrantes de um clã. Os indivíduos devem aos totens sagrados obrigações como, por exemplo, abster-se de comer sua carne, de cuja violação decorrem castigos automáticos. Em quase todos os lugares onde vigora o totemismo existe uma lei contra as relações sexuais entre pessoas do mesmo totem. Freud observa que existe uma forte ligação entre o totemismo e a exogamia. Assim, o papel desempenhado pelo totem nas tribos primitivas "é o mesmo desempenhado pelo pai nos complexos de Édipo e de castração: inimigo temível dos interesses sexuais".

O mito trabalhado por Freud em *Totem e tabu* é o do pai da horda primitiva, que é detentor de um gozo sem rédeas. Esse pai primitivo é aquele que impõe a Lei sem estar submetido a ela. Os filhos estavam insatisfeitos com o pai porque este gozava de todas as mulheres da horda e não permitia que eles tivessem acesso ao gozo. Para se vingar, um dia os filhos expulsos se reúnem e matam o pai, comem seu cadáver e assim acabam com a horda paterna. Comer esse pai tirânico e poderoso, que constituía um modelo invejado e temido, foi um meio de identificar-se com ele e apropriar-se de sua força. Depois de tê-lo eliminado e de ter satisfeito seu ódio e seu desejo de identificação com ele, voltaram a predominar as moções ternas. Isso se deu na forma de arrependimento e, assim, nasceu uma consciência de culpa. Aquilo que o pai havia impedido anteriormente, os filhos proibiram a si mesmos e renunciaram às mulheres liberadas. Como se o pai se tornasse mais poderoso morto do que em vida, anularam o ato parricida, proibindo a morte de um de seus substitutos religiosos – o totem, o animal que, ancestral do clã, lhe dá nome –, e renunciaram a seus frutos, abrindo mão da posse de todas as mulheres.

Essa é a primeira instauração de um pai elevado ao estatuto de Lei, que funda a interdição do incesto. O totem será erigido pelos membros do clã para simbolizar o pai morto, restaurando, dessa forma, a interdição da endogamia. O totem não é o pai – representa-o. O retorno do pai como Lei funciona, uma vez que, morto, ele passa a ser um significante. Como representação do pai morto, o totem tem a função de *Nome-do-Pai*, simbolizando a Lei.

Essa é a releitura que Lacan fez do mito de *Totem e tabu*. O pai morto institui a Lei simbólica, impossível de ser destruída. Mesmo com a morte do pai, a sua função continua existindo e é isso que sustenta o mito de Édipo. A morte do pai funda um lugar de sujeito para o filho.

O complexo de Édipo na obra de Freud

Vimos que, a partir da escuta de suas pacientes histéricas, Freud abandonou a teoria do trauma e da sedução e descobriu a fantasia. A partir daí, não mais são relevantes apenas os fatos reais da infância, mas, sobretudo, a realidade psíquica, constituída pelos desejos inconscientes e pelas fantasias a ela vinculadas, tendo como pano de fundo a sexualidade infantil. Ocorre também uma modificação no conceito de infância, que deixa de ser vista a partir de um registro genético e cronológico para ser abordada pela lógica do inconsciente.

O efeito traumático está relacionado ao fato de a criança ser confrontada passivamente com a sexualidade do adulto. Através dos cuidados e do desejo maternos, a criança será introduzida no campo da sexualidade, pois é pelo contato com a mãe, ou de seu substituto, que o corpo do bebê será erogeneizado.

Mas a revolucionária posição freudiana só será apreendida, em todo o seu alcance, nos "Três ensaios sobre a teoria da sexualidade", quando Freud pôs em xeque as concepções moralizantes sobre a atividade sexual das crianças, algo que já havia sido acenado na correspondência com Fliess. Desse modo, Freud apresentou ao mundo uma nova criança, dotada de uma sexualidade *perverso-polimorfa*. Com o conceito de *pulsão* ele vai nos mostrar que o corpo da criança é um corpo pulsional, corpo de desejo.

Nos "Três ensaios", Freud ressalta as características da sexualidade infantil. A criança é um ser perverso-polimorfo, com pulsões parciais emanando de zonas erógenas, que se constituem apoiando-se em funções vitais, ou seja, a sexualidade infantil é pré-genital – oral e anal – e as pulsões tendem, isoladamente, à satisfação autoerótica. O uso do próprio corpo como objeto de satisfação, por exemplo, sugar o polegar, derivado da impossibilidade de a criança dominar o mundo externo, confere à sexualidade infantil uma qualidade de autossuficiência. Ao analisar esse primeiro ato sexual – chupar o dedo –, Freud afirma que aí estão presentes todos os componentes da sexualidade. Na fantasia do bebê, o dedo é o substituto do seio materno e, assim, ele passa a não depender mais do Outro para a sua satisfação.

O que Freud demonstra é que o desenvolvimento da criança está marcado por uma sucessão de momentos em que ela erogeneiza diferentes áreas do corpo, denominados fases ou estádios do desenvolvimento sexual. Cada estádio implica um modo de relação com o objeto. Assim, quando ela nasce, tudo gira em torno da boca, e o modelo transposto para todas as relações da criança será o de incorporar, cuspir e morder. Percebemos que a oralidade é a primeira pulsão, que evidencia que as relações primordiais da criança com a mãe implicam um plano não restrito à satisfação de suas necessidades vitais. A busca dessa satisfação oral revela traços da demanda ao desejo do outro.

Num momento posterior, por volta de dois anos, o ânus é erogeneizado e ela passa a se interessar pelas fezes. A criança, que vive o modelo de reter e expulsar as fezes, passa pela demanda anal. Trata-se de uma demanda que emana do outro (mãe). A mãe demandaria as fezes como prova de amor. Freud estabelece a famosa equação simbólica *fezes=presente=bebê=dinheiro* para ressaltar que essas marcas erógenas se deslocam, são vividas e transpostas para as relações da criança com o mundo. Posteriormente, aparece a fase fálica, e a criança começa a perceber as diferenças sexuais. É nesse momento que se inicia a vivência do complexo de Édipo, que se processará de maneira diferente no menino e na menina. Cabe ressaltar que a noção de estádio fálico só surgiu num artigo de 1923, "A organização genital infantil", que será abordado adiante.

Em 1908, a partir do material oriundo dos relatos do pai de Hans acerca das fantasias do filho, Freud escreveu o artigo "Sobre as teorias sexuais das crianças", estabelecendo a relação entre a dimensão edipiana e a ideia de um *complexo nuclear* presente nas neuroses. Toda a questão do conflito será referida, em última análise, ao conflito nuclear do complexo de Édipo. Freud começa também a trabalhar as fantasias ligadas ao lugar do sujeito na dinâmica familiar. Nessa comunicação, são expostas duas teses fundamentais: a primeira é a de que nenhuma criança pode deixar de ocupar-se dos problemas sexuais; a segunda é a de que não há nas neuroses um conteúdo particular – elas derivam dos mesmos complexos que fazem parte da constituição humana.

Nessa ocasião, Freud concluiu que o primeiro grande problema para as crianças é a origem dos filhos, suscitado, geralmente, na ocasião do aparecimento de uma nova criança na família. Com essa temática instaura-se o primeiro conflito psíquico, decorrente da contradição entre as explicações que os adultos oferecem às crianças, como, por exemplo, de que os bebês são trazidos pela cegonha, e a percepção delas sobre a natureza sexual da concepção. Freud nos diz que há aqui uma divisão entre as concepções consideradas boas, e que permanecerão, portanto, no consciente, e as concepções que a criança estabelece para si, mas que devem ser recalcadas, porque não são aceitas pelos adultos. É assim que, segundo ele, fica constituído "o complexo nuclear de uma neurose".

A partir desse momento, a criança passa a construir teorias sexuais que, embora sejam falsas em relação à realidade material, têm um núcleo de verdade correspondente às correntes pulsionais, ou seja, estão de acordo com as características da sexualidade infantil. A primeira das teorias é a que se refere à *universalidade do pênis*. Ela dá origem ao *complexo de castração* na ocasião da percepção dos órgãos genitais femininos: a fantasia da mulher como um ser mutilado gera no menino a ameaça de castração e, na menina, a inveja do pênis. Dessa teoria resultam outras duas: a teoria do *nascimento pela cloaca*, tal como em alguns animais, relacionada ao erotismo anal – a ignorância a respeito da vagina leva a criança a imaginar que os bebês seriam evacuados como excremento –, e, finalmente, a teoria da *concepção sádica do coito*, ou seja, o ato sexual é concebido como uma violência e relacionado ao sadismo infantil.

Em 1909, quando Freud publicou a análise do pequeno Hans, ele queria comprovar suas teses sobre a sexualidade infantil. A partir dessa análise, ilustrou e ampliou grande parte do conteúdo que havia sido teorizado em "Sobre as teorias sexuais das crianças", descobriu o *complexo de castração* e estabeleceu sua articulação com o complexo de Édipo, estando este último na base do conflito psíquico. Assim, as teorias sexuais infantis são expostas já vinculadas aos conflitos edípicos.

Dois grandes eventos desencadearam a fobia em Hans: a manifestação do seu pênis real – Hans começa a sentir prazer em manipular o pênis – e o nascimento de sua irmã, Hanna. Esses acontecimentos constituíram a base para duas "questões-enigma": a origem da vida e do sexo.

Freud assinala que, de um modo geral, a criança tem o pressentimento de que esse sexo, que tanto a ocupa, participa do misterioso processo que precede a chegada de uma criança.

Hans é descrito como um pequeno Édipo desejoso de eliminar o pai e tomar para si a mãe. A certeza da universalidade do pênis e da existência de criaturas castradas representa uma ameaça que se relaciona com impulsos hostis contra o pai, gerando o medo da retaliação, que se desloca para os cavalos.

Nesse momento da teorização de Freud, o complexo de Édipo do menino é descrito apenas em seu *polo positivo*, ou seja, desejo em relação à mãe e ódio ao pai. Com relação ao complexo de Édipo na menina, tudo se passa exatamente da mesma maneira, ou seja, com uma afetuosa ligação ao pai e uma necessidade de eliminar a mãe por julgá-la supérflua e considerar que pode substituí-la.

Anos mais tarde, Freud se apercebeu da falta de simetria no relacionamento edipiano de ambos os sexos, ou seja, o complexo de Édipo não se dá da mesma maneira na menina e no menino. Essa descoberta só se tornou possível a partir da conceituação, em 1923, da fase fálica da sexualidade infantil.

As teorizações abordadas até esse momento referem-se ao período de elaboração da metapsicologia freudiana, denominado "primeira tópica", onde a explicação do funcionamento do aparelho psíquico pressupõe três instâncias: *consciente*, *pré-consciente* e *inconsciente*. Nesse modelo, Freud situará o desejo como pertencente ao sistema inconsciente, e o objetivo da análise será tornar consciente os conteúdos inconscientes. No entanto, Freud se dará conta das limitações da "primeira tópica" para explicar a constituição do Édipo, considerado um dos pilares no qual se apoia a teoria psicanalítica. A "primeira tópica" não é passível de uma leitura estrutural, sendo, portanto, insuficiente para dar conta do que diferencia o funcionamento psíquico dos sexos. Assim, em 1923, em "O eu e o isso", Freud formulou uma "segunda tópica" do funcionamento psíquico, a partir da qual teve elementos para responder à constatação da dessimetria entre o Édipo masculino e o feminino.

Em "O eu e o isso", a partir da distinção estabelecida entre as instâncias do *isso*, do *eu* e do *supereu*, Freud passou a conceber o complexo de Édipo em sua dupla polaridade: amor ao genitor do sexo oposto e ódio ao do mesmo sexo, que caracterizam a *forma positiva* do complexo de Édipo, e amor ao genitor do mesmo sexo e ódio ao genitor do sexo oposto, que caracterizam a *forma negativa*. Nesse mesmo texto, Freud vai abordar a importância da *bissexualidade* nas vicissitudes do complexo de Édipo. Segundo ele, "em ambos os sexos a força relativa das disposições sexuais masculina e feminina é o que determina se o desfecho da situação edipiana será uma identificação com o pai ou com a mãe". A outra vicissitude do complexo de Édipo, que determinará uma identificação com um dos progenitores, é sua teorização sobre o complexo de Édipo *completo*. Devido à bissexualidade presente em todo sujeito, devemos considerar que o complexo de Édipo é dúplice, isto é, positivo e negativo, e que o menino também se comporta como uma menina, ou seja, "apresenta uma atitude afetuosa feminina para com o pai e um ciúme e uma hostilidade correspondentes em relação à mãe".

É importante assinalar que nesse modelo – *isso*, *eu* e *supereu* – é principalmente em relação à constituição do supereu que Freud indica uma diferença na estruturação subjetiva dos sexos. O supereu, considerado o "herdeiro do complexo de Édipo", teria um destino diferente nos meninos e nas meninas. O supereu é instituído no momento em que o menino abandona os pais como objetos sexuais e os torna objetos de identificação. Em outras palavras, na impossibilidade de *tê-los* como parceiros sexuais, promete inconscientemente *ser* como eles – em suas ambições, fraquezas e ideais. É em função desse mecanismo psíquico de incorporação que a criança integra os interditos parentais que doravante imporá a si mesma. Veremos adiante que, na menina, essa passagem pelo Édipo é muito mais longa e complicada e que a constituição do supereu é, segundo Freud, falha e incompleta.

Após a elaboração da segunda tópica, Freud retoma a conceituação da fase fálica da sexualidade infantil. Podemos destacar três textos fundamentais desse período: "A organização genital infantil: uma interpolação na teoria da sexualidade", de 1923, "A dissolução do complexo de Édipo", de 1924, e "Algumas consequências psíquicas da distinção anatômica entre os sexos", de 1925.

Neles, Freud retoma as teorizações dos "Três ensaios sobre a teoria da sexualidade", enfatizando que as vicissitudes do complexo de castração são diferenciadas na menina e no menino. A tese da *bissexualidade* constitucional marca o postulado de que a sexualidade e a feminilidade não são essencialmente biológicas, mas, sobretudo, posições resultantes de uma organização psíquica que tem por base o complexo de Édipo. Todos os seres humanos, em função de sua constituição bissexual, possuem, ao mesmo tempo, características masculinas e femininas. Entretanto, a assunção de uma posição subjetiva masculina ou feminina é tributária do que acontece na infância do sujeito na sua passagem pelo Édipo. Cada criança deve percorrer um caminho para chegar à realização de uma identificação sexual. No decurso desse processo de subjetivação do sexo, a anatomia e a referência ao corpo têm o seu peso, mas estas, por si mesmas, são insuficientes para determinar a constituição do ser sexuado do sujeito homem ou mulher.

Em "A organização genital infantil: uma interpolação na teoria da sexualidade", Freud vai fazer uma reformulação teórica importante para a compreensão dos mecanismos ligados ao complexo de castração e seus efeitos para a estruturação da subjetividade.

Freud explica a diferença entre a sexualidade infantil e a adulta, não pela primazia dada ao genital (o pênis), mas pela primazia dada ao *falo*, ou seja, para Freud o estádio fálico caracteriza-se pela ausência de representação psíquica do sexo feminino, organizando-se a diferença sexual em torno da posse ou não do falo. A oposição, segundo Freud, enuncia-se da seguinte forma: "órgão genital masculino ou castrado". Portanto, na chamada fase fálica, a oposição não se dá entre *masculino* e *feminino*, mas entre *fálico* e *castrado* (ou ativo e passivo), o que o leva a postular a existência de uma só libido, masculina, no sentido de ativa.

É em torno da representação psíquica do pênis – o falo imaginário – e não do pênis real, que se organizará o complexo de castração. Apesar de o complexo de castração ter sido abordado nos artigos anteriores, somente nesse artigo de 1923, "A organização genital infantil: uma interpolação na teoria da sexualidade", o conceito será relacionado com o complexo de Édipo e reconhecido como universal.

No que se refere à castração, Freud afirma que, no decorrer de suas pesquisas, o menino chega à conclusão de que o pênis não é comum a todas as crianças. Ao observar meninas, ou a irmãzinha brincando, suspeita de que existe ali algo diferente. No entanto, a primeira reação da criança é "rejeitar o fato" e acreditar que elas realmente têm um pênis. Nesse momento, "encobrem a contradição entre a observação e a preconcepção dizendo-se que o pênis ainda é pequeno e ficará maior dentro em pouco". Só mais tarde chegam à "conclusão" de que o pênis estivera lá antes e foi retirado. Portanto, a falta de pênis é vista como resultado da castração. A partir desse momento, o menino se angustia, pois, se existem seres que foram castrados, ele corre igualmente o risco da castração.

Veremos que Lacan retomará o conceito de falo em sua teorização afirmando que o falo é o elemento central na organização da sexualidade humana – o significante privilegiado, o significante da falta. Para Lacan, somente a partir do conceito de falo, como elemento terceiro na relação da criança com a mãe, é que podemos compreender a noção de relação de objeto. Inicialmente, a criança vivencia a castração, que é simbólica, como uma privação, ou seja, como uma falta real (ausência de pênis na mulher), o que já implica uma simbolização, pois o real é pleno, a ele nada falta. A castração não é real, não incide sobre os genitais, ela é simbólica, pois incide sobre a ordem fálica. O falo, embora possa adquirir uma consistência imaginária, é, antes de tudo, um significante – significante da falta. A referência ao falo não é, portanto, a castração via pênis, mas a referência ao pai, ou seja, a uma função que mediatiza a relação da criança com a mãe. A função simbólica do pai será desenvolvida mais adiante, ao tratarmos do complexo de Édipo no ensino de Lacan.

Voltando aos textos freudianos, quando a criança entra na fase fálica, a zona genital (pênis ou clitóris) é a zona erógena dominante. A principal diferença dessa fase para uma época de maturidade sexual posterior reside no fato de que a criança, nesse momento, só conhece uma espécie de órgão genital: o masculino. A diferença entre os sexos é então postulada em termos de presença ou ausência de pênis, já que a cavidade vaginal é desconhecida tanto pela menina quanto pelo menino.

Até esse momento o desenvolvimento da sexualidade para meninas e meninos se dá de forma paralela, mas, a partir dessa fase, assume caminhos diferentes, e isso ocorre a partir da descoberta da diferença anatômica entre os sexos.

Para o menino, o objeto de amor é a mãe. O menino entra no Édipo e começa a manipular seu pênis, entregando-se a fantasias ligadas à mãe. Depois, sob o efeito conjunto da ameaça de castração proferida pelo pai – ou pela mãe e seus substitutos – e da angústia provocada pela percepção do corpo feminino, privado de falo, renuncia a possuir o seu objeto de amor – a mãe. O afeto em torno do qual o complexo de Édipo masculino se inicia e chega a um desenlace é a angústia, ou seja, é o medo de ser privado daquela parte do corpo que, nessa idade, o menino tem como objeto mais estimável – seu pênis.

Portanto, é a angústia de castração que barra o caminho do menino em direção ao amor pelo pai, fazendo com que ele renuncie ao pai como objeto de amor e se identifique com ele. Essa identificação se torna então possível porque o menino o amou e renunciou a esse amor. Ao se identificar com as insígnias do poder paterno, o menino efetua uma passagem do *ter* – ter o pai como objeto de amor – ao *ser* como ele. O complexo de Édipo é dissolvido na medida em que a angústia de castração põe fim tanto à ligação erótica com a mãe quanto à ligação amorosa com o pai. No final desse processo, o menino entra no período de latência.

Freud afirma que há uma vinculação entre a organização fálica, o complexo de Édipo, a ameaça de castração, a formação do supereu e o período de latência. É devido a essa vinculação que podemos afirmar que a destruição do complexo de Édipo é ocasionada pela ameaça de castração, ou seja, pelo interesse narcísico nos órgãos genitais. Mas, nesse momento, Freud se pergunta: "Como se realiza o desenvolvimento correspondente nas meninas?"

À menina é exigido um duplo esforço de transformação, por isso a compreensão de seu complexo de Édipo levanta um problema a mais do que nos meninos. Em seu percurso para tornar-se mulher, a menina deverá abandonar a erotização clitoridiana para que a esta suceda a erotização vaginal. Antes, a menina se comportava como um homenzinho, sendo o clitóris o correlato do pênis, o órgão fálico por excelência. Ao constatar sua "inferioridade" anatômica, a menina lança-se na busca de objetos que possam substituí-lo.

Cabe ressaltar que Freud considerava a menina um menino que deveria abrir mão de sua sexualidade ativa, ligada à erotização clitoridiana, porque ele ainda não havia percebido a intensa ligação que ambos os sexos têm com a mãe, ou seja, "toda criança é sempre um *menino* para a mãe, por constituir um substituto fálico para ela". Assim, tanto o menino quanto a menina procuram ativamente satisfazer a mãe, ou, conforme afirma Lacan, procuram *ser* o falo que falta à mãe: "Ser ou não ser o objeto de desejo da mãe."

Freud passa a dar relevo à *fase pré-edípica* da menina por se deter no fato de que, também para ela, a mãe é o primeiro objeto de amor. Logo, o enamoramento pelo pai é o sucessor da intensa ligação originária com a mãe. Para a menina, o complexo de Édipo é uma formação secundária e as operações do complexo de castração o precedem e o preparam. Assim, além de fazer uma mudança de órgão, ela precisa trocar o objeto materno pelo paterno.

Mas o que levaria a menina a realizar essa mudança? Como a menina entra no complexo de Édipo?

Aos poucos, Freud foi imprimindo nova dimensão à suposta necessidade da menina de renunciar à sexualidade ativa, voltando-se ao pai para tornar-se mulher. Ele chega à conclusão de que, se a menina renuncia à satisfação ativa dirigida inicialmente à mãe, não é somente porque deseja voltar-se para o pai, mas, sobretudo, para afastar-se da mãe, para desligar-se dela.

Assim, é da relação com o Outro materno que se depreenderá algo próprio à questão da feminilidade. É na ligação com o seu primeiro objeto de amor que estão as marcas fundamentais da sexualidade da mulher, sendo muitas vezes um caminho tortuoso conseguir realizar essa passagem da mãe para o pai, como objeto de amor. Nem sempre essa passagem se realiza, e, caso a menina continue endereçando os movimentos pulsionais ativos e passivos à mãe, isso poderá trazer dificuldades na assunção de sua feminilidade.

A lógica freudiana da castração indica a maneira pela qual ambos os sexos formulam seus respectivos complexos de Édipo. Assim, se no menino o afeto que predomina é a angústia, no complexo de Édipo da menina é a inveja – "inveja do pênis". Inicialmente, o clitóris na menina é equivalente ao pênis, porém, quando ela efetua uma comparação com o outro sexo percebe a desvantagem anatômica, vivenciada como castração. O termo "angústia de castração" não se aplica à menina porque ela não pode temer o que já ocorreu. O que a ameaça é o medo de não ser amada, o medo de perder o amor.

A menina não lida com facilidade com a questão da castração. Ao constatar a falta de pênis, sofre uma grande decepção em relação à mãe e considera que esta foi a responsável por tê-la feito castrada. Desenvolve, portanto, um sentimento de inveja do pênis, um desejo de possuir um pênis. Na realidade, de acordo com Lacan, não se trata da falta de um órgão e sim da falta de um símbolo específico da sexualidade feminina, de um símbolo específico de seu sexo, tal como o falo o é para o homem.

A descoberta da castração traz muitas consequências para a menina, pois é a partir dela que se estabelecem caminhos que podem levá-la ao desenvolvimento de uma feminilidade de orientação heterossexual ou não, assim como é a partir daí que se inicia um processo de desvinculação do objeto materno.

O menino soluciona o complexo de Édipo optando por preservar seu pênis, que está investido de grande interesse narcísico e substitui o investimento objetal no pai, por uma identificação com ele. No caso normal, o complexo de Édipo não é somente recalcado, mas, sim, "literalmente feito em pedaços pelo choque da ameaça de castração".

Na menina, existe um período pré-edípico de intensa vinculação com a mãe que é de grande importância para o futuro da mulher. Na fase fálica, ao considerar que foi vítima de uma castração, ela sai do apego pré-edípico com a mãe e se aproxima do pai, com a finalidade de obter o pênis que a mãe lhe negou. É nesse momento que tem início o seu complexo de Édipo. Em seguida, essa busca é substituída pelo desejo de ter um filho, que seria o equivalente simbólico do pênis; posteriormente, a decepção frente ao pai, que se nega a atender a essa gratificação, é o que a conduz ao abandono progressivo do complexo de Édipo.

Sintetizando, para que alcance a feminilidade, a menina necessita realizar três passos dos quais o menino não precisa:

1. a escolha do objeto amoroso original do menino coincide com a escolha definitiva, ou seja, com a escolha heterossexual, enquanto que, no caso da menina, é necessário que ela abandone a mãe para passar para o pai;
2. é necessário que a excitabilidade do clitóris passe para a excitabilidade da vagina; e
3. ela tem que abandonar os fins sexuais ativos, ou seja, transformar as pulsões ativas básicas em fins sexuais passivos.

O recalcamento desse modo de satisfação ativa da libido, que Freud associa à assunção da condição de castrada, poderá resultar em três diferentes caminhos para o desenvolvimento da sexualidade, mas apenas um conduzirá à sexualidade normal. A menina poderá ser tomada por um sentimento de revolta ao se comparar com os meninos, ficando insatisfeita com seu clitóris e deixando de lado não só sua atividade fálica como também sua sexualidade em geral. Ou, então, ela pode ser tomada por um sentimento de autoafirmação em relação à sua masculinidade ameaçada, ou seja, ela pode negar a ausência do pênis, permanecendo no complexo de masculinidade, que poderá resultar numa escolha de objeto homossexual. Um terceiro caminho será aquele que a levará à feminilidade, onde a menina assume uma posição simétrica à da mãe e toma o pai como objeto. Mas, conforme Freud afirma na Conferência XXXIII das *Novas conferências introdutórias à psica-*

nálise, intitulada "Feminilidade", a situação feminina só se estabelece se o desejo do pênis for substituído pelo desejo de um bebê, consoante uma equivalência simbólica.

Foi somente nos anos 1931 e 1933, ao elaborar os artigos acerca da feminilidade, que Freud se aproximou de uma possível especificidade da sexualidade feminina, enfatizando a enorme importância que o período pré-edipiano apresenta para a mulher. Freud ponderou que, ao contrário dos meninos, as meninas permanecem no complexo de Édipo "por um tempo indeterminado; destroem-no tardiamente e, ainda assim, de modo incompleto". A formação do supereu também fica prejudicada, o que ocasiona nas mulheres um menor senso de justiça e uma menor capacidade de sublimação.

Sobre as características sexuais femininas maduras, Freud assinalou que o narcisismo na mulher se apresenta bem mais elevado, como uma forma de compensar a ausência do pênis. Além de exacerbar a vaidade física, a inveja do pênis faz com que seja mais importante para a mulher ser amada do que amar; seria uma tentativa de compensar um sentimento de inferioridade decorrente de seu complexo de castração. Quanto à transferência de suas ligações objetais afetivas, a menina pretende, no casamento exogâmico, transferir o amor incestuoso pelo pai para essa nova ligação com o parceiro. No entanto, o que ocorre, na verdade, é uma repetição da relação primitiva com a mãe, já que a relação com o pai se construiu sobre essa relação primitiva. A mulher, então, passará a reivindicar desse marido o que aquela mãe e aquele pai da infância não lograram fornecer. Quanto ao pudor, este é analisado por Freud como uma tentativa de esconder a suposta imperfeição dos genitais femininos.

Portanto, ao sustentar que a menina atinge a feminilidade a partir do deslocamento da suposição fálica da mãe para o pai e do desejo de um pênis para o desejo de um filho, Freud situou a inveja do pênis como ponto central da sexualidade feminina. Em função disso, aprisionou a feminilidade no circuito fálico e "fez equivaler o tornar-se mulher e o tornar-se mãe". Veremos adiante como Lacan desenvolveu o complexo de Édipo a partir da elaboração da *metáfora paterna* e do conceito de *Nome-do-Pai*. O Nome-do-Pai é o significante que barra o desejo da mãe e acarreta uma divisão entre a mãe e a mulher, revelando que, mais além da mãe, existe uma mulher cujo desejo não se esgota no seu desejo de filho.

O Édipo precoce na teorização de Melanie Klein

Vimos que em sua organização edipiana da sexualidade feminina, Freud desconsiderou, durante muitos anos, todo o campo das relações arcaicas com a mãe. Ao construir o complexo de Édipo em torno da figura paterna e do conceito de castração, Freud se deparou com dificuldades, chegando a afirmar que considerava o feminino um "continente negro", e o desejo da mulher, um "enigma". Todavia, por volta de 1920, foi contestado pelas psicanalistas da chamada escola inglesa, dentre elas Melanie

Klein, que vinha desenvolvendo pesquisas na clínica psicanalítica com crianças. Em 1927, durante o X Congresso Internacional em Innsbruck, Klein apresentou uma comunicação sobre "Os estádios precoces do conflito edipiano", em que postulava que o conflito edipiano se origina em época anterior à que Freud havia teorizado. Enquanto Freud preconizava que o complexo de Édipo tinha início por volta dos cinco anos de idade, ela afirma que isso se dava por volta dos seis meses de idade. No congresso da Associação Internacional de Psicanálise (IPA), também realizado em Innsbruck em 1927, Ernest Jones levou seu apoio a Melanie Klein, apresentando um trabalho sobre a sexualidade feminina no qual criticava a hipótese freudiana da ausência, na menina, do sentimento da vagina.

Entretanto, a partir da escuta de suas analisandas mulheres, mais especificamente após a releitura do caso *Dora* e do caso da *jovem homossexual*, Freud retomou a questão do Édipo na menina e alinhou sua doutrina às posições kleinianas, chegando mesmo a afirmar, nos célebres artigos de 1931 e 1933 sobre a sexualidade feminina, que seria impossível compreender a mulher se não se levasse em consideração a fase do apego pré-edipiano à mãe. Também reconheceu que as psicanalistas mulheres podiam compreender melhor do que ele a questão da sexualidade feminina, na medida em que ocupavam, na análise, o lugar de um substituto materno.

Vejamos a teorização de Melanie Klein sobre o Édipo precoce.

Melanie Klein não pôs em dúvida a importância do complexo de Édipo nem sua definição de base, mas contestou a teoria freudiana em dois pontos: o corte entre os tempos arcaicos da mãe e os tempos edipianos do pai; o conhecimento do pênis como único órgão sexual e, portanto, a ignorância da vagina antes da adolescência.

A partir da reformulação feita por Karl Abraham, em 1924, na teoria dos estádios oral, anal e fálico, Melanie Klein, que foi sua analisanda, revisou a teoria freudiana do complexo de Édipo valorizando as relações pré-edipianas, ou seja, a relação tanto do menino como da menina com a mãe no período que precede a entrada no complexo de Édipo. Ela abandonou a relação triangular que caracteriza o Édipo freudiano – pai, mãe, criança – em favor de uma estrutura anterior e mais importante – porque mais primitiva –, que é a do vínculo que une mãe e filho. Assim, Melanie Klein chegou à conclusão de que o complexo de Édipo e o supereu existiam desde a mais tenra idade e apresentavam formas pré-genitais e genitais. O Édipo é, portanto, tomado em sua precocidade – ela fala de *Édipo primitivo* – e tem suas raízes muito antes da segunda fase oral. Também o supereu da criança pequena é constituído precocemente e se manifesta com características uretrais, anais e orais primitivas. Esses postulados nos apontam para uma estruturação muito precoce do aparelho psíquico do sujeito.

Para Freud, o supereu é o herdeiro do complexo de Édipo e compreende a internalização das proibições parentais, enquanto para Klein o supereu precede o complexo de Édipo e promove o seu desenvolvimento. Desse modo, ocorre uma distorção estrutural das imagos internas dos pais, ou seja, os objetos introjetados não coincidirão com os pais da realidade. O supereu primitivo caracteriza-se por sua extrema crueldade e autonomia em relação aos pais da realidade.

Classicamente, o complexo de Édipo se constitui por volta dos quatro ou cinco anos, através da internalização das exigências e proibições parentais e através de um processo que Freud denomina identificação. A criança abandona o objeto de amor e de desejo incestuoso, transformando o investimento nos pais em identificação e internalizando, portanto, a proibição.

Para Klein, as tendências edípicas já são liberadas depois da frustração que a criança experimenta com o desmame, que se dá por volta dos dois ou três meses, sendo reforçadas pelas frustrações anais e uretrais sofridas durante a aprendizagem da higiene. Todo o percurso edipiano é acompanhado de angústias persecutórias e culpa.

O eu do bebê está muito pouco desenvolvido quando se iniciam as tendências edípicas. A criança ainda está dominada pela situação sádico-oral e sádico-anal e dirige todos os instrumentos desse sadismo para o corpo da mãe e para o que ele encerra. Dominada pelas teorias sexuais infantis, que, segundo Klein, já existem nessa etapa pré-genital, a criança começa a fantasiar que, na cópula, a mãe incorpora continuamente o pênis do pai por via bucal, de maneira que seu corpo fica repleto de numerosos pênis e bebês. Consequentemente, ao atacar o interior do corpo da mãe, a criança ataca, também, o do pai e o de seus irmãos e irmãs, desencadeando sentimentos de culpa provocados pelo incipiente complexo edípico. Esse vínculo muito significativo com a mãe introduz, em ambos os sexos, uma fase do desenvolvimento até então desconhecida, que consiste em uma identificação muito precoce com a mãe, denominada *fase da feminilidade*.

A teoria da fase da feminilidade elaborada por Melanie Klein constitui uma originalidade no que se refere ao Édipo e às sexualidades masculina e feminina. Em ambos os sexos, ocorre uma identificação muito precoce com a mãe, que tem uma importância significativa no desenvolvimento psicossexual da menina e do menino.

No menino, a fase feminina inicia-se no período sádico-anal e, nesse momento, as fezes "são equiparadas ao filho desejado e o desejo de roubar a mãe se dirige tanto às crianças como às fezes". O menino quer os órgãos da concepção – a vagina e os seios –, "fonte de leite, que são cobiçados como órgãos de receptividade e abundância desde a época em que a fase libidinal é puramente oral". Além do útero, as tendências destrutivas são também dirigidas ao pênis do pai, que o menino supõe estar ali situado. Em contrapartida, teme os mesmos ataques contra o seu corpo.

O temor da mãe pelo menino é muito intenso porque, vinculado a ele, existe também um medo intenso da castração pelo pai, pois o que o menino teme, afinal, é o pênis do pai no interior do corpo da mãe. Desejando destruir o pai dentro da mãe, o menino teme a vingança conjunta dos pais, o que dá origem a uma imagem vingativa do casal parental a atacá-lo por dentro.

Assim, a fase feminina do menino caracteriza-se pela angústia em relação ao ventre da mãe e ao pênis do pai, "angústia que submete o menino à tirania de um supereu que devora, desmembra e castra e que está formado pela imagem do pai e da mãe". O menino supera essa ameaça deslocando a angústia e o ódio ao pênis do pai para o corpo da mãe, que se torna uma "mulher com pênis" e castradora. E o que o menino realmente teme é o pênis do pai incorporado na mãe.

Para Klein, tanto o temor do casal parental quanto a inveja que o menino sente da geração de filhos pela mãe determinam a sexualidade posterior – "em que os homens sentem afeição ou desprezo por suas parceiras sexuais, dependendo do sucesso com que tenham transposto a identificação ambivalente primitiva com a mãe e a subsequente rivalidade e identificação edipianas com o pai".

Assim como o menino, a menina, a princípio, se afasta da mãe em consequência do desmame e da aprendizagem da higiene. Quando as tendências genitais começam a agir, a libido desloca-se da região oral para a região genital, o que ocasiona um reconhecimento inconsciente da vagina e sensações nesse órgão e no resto do aparelho genital. Esse deslocamento da libido para o órgão genital, a inveja e o ódio da mãe por possuir o pênis do pai que dele a privou desempenham um papel no fato de a menina voltar-se para o pai, lançando-a em sua heterossexualidade.

Klein afirma que a identificação com o pai, na menina, é menos marcada pela angústia do que a identificação com a mãe. A vida da menina é também marcada por seu desejo pela mãe e pelo medo que tem dela, em virtude da inveja que sente. Ela só ultrapassa essa posição ao se identificar com a mãe boa, que lhe deu o que pôde, e ao receber de um homem o que a mãe não pôde lhe dar.

Sintetizando, na obra de Melanie Klein a posição conferida à mãe é central. É o lugar onde se encenarão, para o sujeito, suas fantasias, seus desejos incestuosos. A relação do bebê com a mãe é também muito conflituosa. Não se trata de uma relação dual mãe-bebê, mas sim de uma relação constituída de três elementos, sendo o *seio* o terceiro elemento que a mãe dá ou recusa, da mesma forma que as *fezes* que ela exige, ou o *pênis do pai* que ela guarda dentro do útero. Trata-se de uma mãe onipotente, não castrada, fálica.

Para Klein, não é a visão da castração da mãe que é traumática, o grande trauma é o *desmame*. É o seio que cria uma falta quando se faz ausente ou presente, pois "a mãe é portadora do Seio, de um seio filogenético, mítico, é definitivamente portadora do *Bem supremo*".

Em *O Seminário*, livro 4: *A relação de objeto*, Lacan fez uma releitura da obra de Melanie Klein e destacou os impasses e os achados de sua teorização. Estabeleceu que a chave do problema do objeto, em psicanálise, é a *falta de objeto* e critica a prevalência no movimento psicanalítico pós-freudiano da noção de *relação de objeto*. Lacan diferencia o objeto da necessidade (de ordem biológica) e o objeto do desejo, dependente do desejo do Outro.

Desde "Projeto para uma psicologia científica" (1895), Freud postulou, a partir da primeira *experiência de satisfação*, a noção do objeto enquanto *perdido*. Afirmou que o objeto na psicanálise só poderia ser pensado a partir de sua representação na fantasia. Assim, é na busca de encontro com esse primeiro Outro, encontro sempre perdido, que se instala esse traço mnêmico que nunca alcança a presença desejada. Portanto, o encontro com o objeto é, na realidade, um reencontro, é a busca por um objeto perdido.

Em *O Seminário*, livro 7: *A ética da psicanálise*, Lacan retomou o "Projeto" de Freud para destacar que é esse objeto, *das Ding*, enquanto Outro absoluto do sujeito, que se trata de reencontrar, mas *das Ding*, por sua própria natureza, é perdido e jamais será reencontrado. O ser humano buscará, no decorrer de sua vida, um substituto para esse objeto perdido. Nunca é o objeto que se encontra, mas apenas suas "coordenadas de prazer". Nesse sentido, podemos afirmar com Freud e com Lacan que não há *Bem supremo*, ou seja, que a completude é da ordem do imaginário e que o sujeito é marcado por sua falta ôntica, quer dizer, seu complemento está originalmente perdido no Outro, uma vez que não há significante que represente a completude do Outro. Tal complemento perdido, na verdade, nunca esteve presente e essa é a condição necessária ao desejo. Isso significa que o objeto que poderia completar o sujeito, trazendo-lhe a satisfação total do desejo, é, por definição, um objeto perdido. Quando o sujeito se lança na busca desse objeto, se depara somente com um furo, designado a Coisa freudiana, *das Ding*.

Ao confundir o objeto materno com *das Ding*, os analistas kleinianos acabaram desembocando numa concepção desenvolvimentista e normativizante da subjetividade. Acreditam que o objeto da pulsão é parcial em consequência da imaturidade do sujeito e que, com o passar do tempo, o sujeito adquirirá uma maturidade. Assim, os analistas kleinianos confundiram *das Ding*, o objeto radicalmente perdido, origem da falta estruturante do sujeito, com a mãe, "objeto ao qual o sujeito deverá renunciar em sua história edípica particular".

No entanto, não podemos deixar de lembrar que, embora Lacan tenha criticado os teóricos pós-freudianos que enfatizavam a relação de objeto, como Melanie Klein, a sua concepção de objeto integra os progressos teóricos introduzidos pela mesma, particularmente o Édipo precoce, ou seja, a incidência do falo em relação ao objeto pré-genital. Uma das fantasias mais precoces descobertas na análise kleiniana inclui o pênis paterno como um dos conteúdos do corpo materno, juntamente com outros objetos parciais que a criança fantasia em sua primeira relação com o Outro (seio, fezes, bebê etc.). É a partir daí que Lacan, rompendo com a concepção evolucionista dos estádios libidinais, promove uma análise estrutural desses estádios, incluindo na fase pré-genital os efeitos da significação fálica, e propõe uma nova versão do complexo de Édipo, levando em conta os desenvolvimentos teóricos do "Édipo precoce" da teorização kleiniana.

O Édipo no ensino de Lacan

Como acabamos de verificar, por volta dos anos 40, imperou no meio psicanalítico pós-freudiano uma inflação de teorizações a respeito da função materna, considerada, por grande parte dos psicanalistas, responsável pelas dificuldades e sucessos com os quais os sujeitos esbarravam em suas vidas. Após a Segunda Guerra Mundial, John Bowlby – psicanalista membro da Sociedade Britânica de Psicanálise – fez um relatório, enviado à Organização Mundial de Saúde, no qual sustentava que a doença mental tinha como causa as perturbações relativas aos cuidados que as mães dispensavam à criança. Esse pensamento acabou dominando o meio psicanalítico durante um grande período e, até hoje, o encontramos em trabalhos sobre problemas do desenvolvimento infantil, nos quais afirma-se que a falta de afeto nos primeiros anos de vida deixará marcas definitivas no desenvolvimento da criança. Tais ideias não deixam de ter alguma verdade, pois é o amor que permite o investimento libidinal da mãe no bebê. Mas apontar como origem da complexidade do desenvolvimento psíquico do sujeito e dos riscos de problemas no desenvolvimento da criança apenas a mãe ou o meio ambiente seria deixar de fora os processos que ocorrem na subjetividade do bebê e as respostas que ele poderá dar às demandas do Outro nessa dinâmica que se estabelece entre a mãe, o pai e a criança.

Num momento posterior, a grande preocupação dos pesquisadores passou a ser restaurar a "autoridade paterna", considerada enfraquecida no seio da família. Nos anos 50 e 60, pedagogos e psicopatologistas de crianças debruçaram-se sobre os estudos dos efeitos psicológicos e sociais da ausência do pai, ou do seu comando, no seio das famílias. A preocupação dos pedagogos era com o futuro das famílias, e os psicopatologistas temiam a perda das identificações sexuadas das crianças.

A partir de Freud, Lacan vai recuperar a importância da *função do pai* para a psicanálise. Partindo da universalidade do tabu do incesto, propôs pensar uma oposição entre a função simbólica do pai, representante da cultura e da Lei, e a posição imaginária da mãe, "dependente da ordem da natureza e condenada a fusionar-se com o filho, objeto fálico faltante". Nesse sentido, o pai exercerá uma função essencialmente simbólica: ele nomeia, dá seu nome e, através desse ato, encarna a Lei. Portanto, se a sociedade humana, como sublinha Lacan, é dominada pelo primado da linguagem, isso quer dizer que a função paterna é o exercício de uma nomeação que permite à criança adquirir sua identidade.

Mas, qual é, efetivamente, a importância do pai para a psicanálise? Como se deu o desenvolvimento do conceito da função paterna na teorização de Lacan?

Segundo Lacan, a função fundamental do Édipo aparece como coextensiva à função paterna, mas a função deve ser entendida como algo radicalmente distinto da presença ou da ausência do pai na família. Lacan faz uma distinção entre o papel social do pai, que estava em declínio – já apontado por ele desde 1938 em *Os complexos familiares na formação do indivíduo* –, e a função lógica do pai para a psicanálise. Os fundamentos sobre a função do pai são relacionados à fala, à linguagem, como constitutivos da subjetividade.

É importante ressaltar que, no início de seu ensino, ou seja, nos anos 50, Lacan começou a desenvolver a argumentação de que o campo do inconsciente é o campo da linguagem, ou, como ele afirmou, "o inconsciente está estruturado como uma linguagem". Nesse momento, ele estava preocupado em apontar os desvios que a psicanálise da época teria feito na obra de Freud. Ele pretendia resgatar a cientificidade da psicanálise, ou seja, inovar na questão do *sujeito do inconsciente*. Para isso recorreu aos conceitos da linguística estrutural de Saussure, mas também se apoiou em outros saberes, como a lógica e a topologia, utilizando-os como ferramentas de trabalho. No decorrer de todo o seu ensino, dedicou-se à formalização da psicanálise.

Na abordagem saussuriana, a linguagem preexiste ao sujeito. Isso significa que, desde que a criança vem ao mundo, ou melhor, antes mesmo de nascer, ela já está mergulhada em um banho de linguagem, ou seja, há um discurso que a precede. O sujeito assujeitado à fala, o sujeito do inconsciente, nasce no campo do Outro. Se ele não nasce pronto, deve ser construído, e sua constituição acontece na relação com a fala que passa pela linguagem. Com o conceito de Outro, Lacan queria enfatizar que o sujeito não existe sozinho, ele é sempre referido a um Outro representado primeiramente pela mãe ou substitutos. Cabe ressaltar que a mãe não é esse Outro, ela apenas o encarna.

Ao nascer, a criança se *assujeita* aos significantes do Outro, e este é um fato da maior importância na constituição do sujeito. É preciso que a criança se *aliene* aos significantes do Outro, encarnado pela mãe – não é sem razão que se utiliza a expressão "língua materna" –, para, mais tarde, se *separar*, destituí-la desse lugar tão poderoso. Só assim, após a separação, a criança poderá tornar-se sujeito na plena acepção do termo. Nesse processo de *alienação* e *separação*, é a Lei do Pai que deverá vir em seu auxílio para frear esse poder absoluto do Outro materno e evitar que a mãe faça da criança o centro de sua vida. Por outro lado, a função do pai também impedirá que a criança permaneça para sempre nessa posição de objeto da fantasia materna.

Essa foi uma das grandes contribuições de Lacan para a compreensão da constituição do sujeito. Ao fazer uma releitura do complexo de Édipo de Freud, Lacan opera uma mudança na concepção ambientalista da função dos pais junto à criança para uma concepção mais estrutural da família. Na perspectiva estrutural, Lacan procura isolar a falta que concerne à estrutura da linguagem, à qual se submetem tanto o pai quanto a mãe e o filho, sendo os pais encarregados de transmiti-la.

A partir desses pressupostos teóricos, Lacan enfatizou a importância da função paterna na constituição do sujeito. Em *O Seminário*, livro 5: *As formações do inconsciente*, ele faz uma crítica ao uso da expressão "carência paterna", sugerindo que não importa se o pai está ou não presente na família, ou ainda se é ou não um bom pai. Não devemos nos prender ao registro biográfico do pai. O que

Freud e Lacan vêm nos mostrar é que não é na presença ou na ausência do homem na família, nem tampouco nas suas condutas pessoais, sociais ou legais que se deve buscar a eficiência da função paterna. Para a psicanálise, o pai é uma entidade simbólica que ordena uma função, possibilitando ao sujeito assumir sua posição sexual. Em outras palavras, devemos distinguir o "papel social" do pai da função simbólica da qual os pais são os representantes.

Lacan vem assinalar que o determinante é o *Nome-do-Pai*, ou seja, não a pessoa do pai, mas a importância que a mãe dá à sua palavra ou ainda à sua autoridade. A questão que se coloca aqui não diz respeito a um personagem, mas a um significante. A função do pai no complexo de Édipo está muito além da sua conduta, do que ele aparenta ser ou do papel que desempenha na família. Não importa se ele se ausenta com frequência ou se fica em casa para cuidar das crianças quando a mãe sai para trabalhar. Segundo Lacan, "o essencial é que o sujeito tenha adquirido a dimensão do Nome-do-Pai".

Mas o que é o Nome-do-Pai?

O Nome-do-Pai é um termo bíblico que Lacan utiliza para confirmar sua função significante. O significante Nome-do-Pai não é o pai biológico. O pai é instituído enquanto tal pela palavra da mãe. Aliás, conforme afirma Coutinho Jorge, "Lacan prefere chamar o complexo de Édipo de Nome-do-Pai". É um nome em que a perfeita homofonia em francês das palavras *Nom/Non*=Nome/Não permite a Lacan apontar para duas funções importantes na constituição do sujeito: a de transmitir o Não da interdição do incesto e a de nomeação do filho, introduzindo-o na série das gerações. O pai dá ao filho o seu Nome e, ao mesmo tempo, diz um Não ao desejo da mãe. Entenda-se que esse Não ao desejo da mãe implica o duplo sentido do genitivo: Não ao desejo da criança pela mãe e igualmente Não ao desejo da mãe pela criança.

O gozo a que o sujeito aspira, o gozo desejado, figurado pelo incesto mãe-filho, não é permitido em razão da intervenção da instância paterna, representada pelo Pai simbólico. É, portanto, pelos efeitos da presença no inconsciente do significante Nome-do-Pai, que ele intervém no complexo de Édipo, ou seja, introduz para a criança a norma fálica. A estrutura familiar de que fala a psicanálise é a estrutura mítica edípica, aquela que organiza a relação entre a mãe, a criança e a função paterna.

O pai é, portanto, aquele que porta a Lei e não um educador que encarna a lei, ou seja, ao invés de representar a Lei, identifica-se com ela tornando-se arbitrário. É por isto que Lacan, em *O Seminário*, livro 22, *R.S.I.*, afirma: "Nada de pai educador! Melhor aposentado de qualquer magistério." Este pai, por se apresentar como um Outro sem barra, não castrado, terá sua função "foracluída" por não funcionar como o transmissor da castração.

Lacan retirou o conceito de *foraclusão* do vocabulário jurídico e seu significado diz respeito à abolição de um direito que não foi exercido no seu devido tempo. Dizer que um processo jurídico é "foracluído" equivale a dizer que não se pode apelar, recorrer, por se ter perdido o prazo legal. Mais tarde, Lacan deslocará a abolição de um direito pela abolição de um significante para explicar a estrutura psicótica. Essa operação passará a ser conhecida, a partir de então, como foraclusão do Nome-do-Pai.

A foraclusão é o mecanismo da psicose, que é a estrutura clínica na qual ocorre o fracasso da metáfora paterna. É um "não radical dado à Lei". Tomemos como exemplo o caso do *presidente Schreber* para marcar o lugar devastador de seu pai na estruturação de sua psicose.

Daniel Paul Schreber pertencia a uma ilustre família da burguesia protestante alemã, composta de juristas, médicos e pedagogos. Seu pai, o dr. Daniel Gottlieb Moritz Schreber, era médico ortopedista, conferencista, escritor, pedagogo e professor da Universidade de Leipzig. Escreveu vários livros sobre ortopedia e orientação educacional para crianças, preconizando uma educação extremamente rigorosa e defendendo a tese de que seria necessário exercer a repressão de todo o prazer no corpo infantil. Em seus manuais, amplamente difundidos na Alemanha, propôs corrigir os defeitos da natureza e remediar a decadência das sociedades criando um novo homem. Construiu vários aparelhos, verdadeiras máquinas de tortura, que visavam à postura o mais ereta possível da criança em todas as posições: em pé, sentada, caminhando, deitada. Criou também aparelhos mecânicos que serviam para combater a masturbação. Essas técnicas foram experimentadas, segundo ele com êxito, em seus próprios filhos. É interessante verificar que o primeiro filho, Gustav, cometeu suicídio aos 38 anos, e que o segundo, Daniel Paul Schreber, desencadeou uma psicose. Schreber era um jurista renomado e presidente da Corte de Apelação da Saxônia quando começou a apresentar sinais de distúrbios mentais.

Portanto, a tentativa de enquadrar o filho nas normas que julgava serem adequadas não fez com que ele transmitisse algo da ordem da Lei, e Lacan se refere a esse lugar nocivo do pai de Schreber, que não representa a Lei, mas a presentifica.

A função paterna é absolutamente central na saúde psíquica do sujeito e os diversos tipos de neuroses – histérica, obsessiva –, perversões e psicoses têm origem nas falhas dessa função. O Édipo ou o Nome-do-Pai é o divisor de águas entre os campos da neurose e da psicose.

Podemos, ainda, exemplificar a falha da instauração da metáfora paterna em outro caso clínico considerado clássico na história da psicanálise com crianças, o caso do *pequeno Hans*. Hans desenvolveu uma fobia de cavalos porque a função paterna operou de modo insuficiente na promulgação do Nome-do-Pai. O pai de Hans foi o paradigma do pai do fóbico porque, como pai imaginário, esse da realidade, não fez chegar ao filho um pai que legislasse. E não foi por ser "bonzinho", ou por ser "carente em sua família". Ele estava ali, ao lado da mulher, sustentava seu papel, discutia, enfim, cuidava muito do filho. Chegou até a enviá-lo para a análise. No entanto, falhou como operador lógico, fazendo com que Hans necessitasse de um significante fóbico para se proteger da angústia, o que demonstra que, independentemente das características biográficas do pai, para que a Lei chegue à criança é igualmente necessária a castração da mãe. Assim, o sintoma fóbico apareceu como uma tentativa de Hans de estabelecer uma mediação entre ele e a mãe. Foi preciso que Hans fabricasse um substituto paterno aterrorizador, o cavalo, para que este cumprisse a função de terceiro, interditando à mãe seu produto (Hans) e sinalizando à criança uma possibilidade de separação da relação mortífera que ela tem com a mãe.

Segundo Lacan, o objeto fóbico tem para o sujeito uma função metafórica, na medida em que vem suprir a carência do pai real. Lacan afirma que "para que o complexo de castração seja verdadeiramente vivido pelo sujeito, é preciso que o pai real jogue realmente o jogo. É preciso que ele assuma sua função de pai castrador". O que ocorre na fobia é uma carência dessa função castradora. Segundo Lacan, a fobia viria como uma suplência, permitindo superar aquela situação primitiva do sujeito dominado pela ameaça de devoração total pela mãe.

Portanto, para a psicanálise, o pai não é o biológico, mas é o pai do desejo da mãe. O Nome-do-Pai substitui o desejo da mãe, com o qual a criança se identificará como sendo seu objeto. O que é importante ressaltar não é a carência do pai na família ou o declínio da imagem paterna, pois se o pai está ausente na família não significa que esteja ausente no complexo.

Na função paterna, o pai é constituído como um símbolo e é como personagem revestido desse símbolo que passa a intervir. Essa operação pode ocorrer mesmo sem a presença do pai na família, assim como operar sem que o pai siga normas preestabelecidas de conduta. Em *O Seminário*, livro 5: *As formações do inconsciente*, Lacan ressalta que a função do pai real só se realiza se for mediada pela *palavra da mãe* e se esta, por sua vez, reconhecer que está submetida à Lei do pai.

Os três tempos do Édipo

Jacques Lacan formulou sua teorização sobre o complexo de Édipo em três tempos lógicos, sendo o seu início contemporâneo a um processo de maturação da criança que ele denominou de *estádio do espelho*. Vejamos como se desenvolvem o estádio do espelho e o complexo de Édipo.

Classicamente, a experiência do espelho compreende as observações realizadas por psicólogos do desenvolvimento com animais e com crianças, entre seis e 18 meses, diante de sua imagem refletida no espelho. O objetivo desse experimento é descobrir como nasce a representação no início da vida psíquica. A psicologia científica estuda esse comportamento para demonstrar que a inteligência dos humanos é diferente da inteligência dos primatas. Lacan parte dessas observações realizadas por Henry Wallon deslocando-as para o campo psicanalítico, para ilustrar o nascimento do *eu*.

Segundo Lacan, na criança esse episódio ocorre de maneira completamente diferente da que ocorre em outras espécies, como os chimpanzés. Ambos tentarão, num primeiro momento, pegar a imagem vista no espelho como se pertencesse a um outro real, mas logo se estabelece uma diferença: o chimpanzé se desinteressa, ao contrário da criança, que fica tomada de júbilo e engaja-se numa série de comportamentos exprimindo seu interesse pelo que a imagem reflete – seu corpo. Esse momento, a primeira experiência de subjetivação, é acompanhado de uma grande alegria, pois se produz a primeira unidade referida ao próprio corpo. Nessa operação especular assistimos à passagem do estado do *autoerotismo* para o do *narcisismo*, em que o eu se constitui como objeto para a libido. O regozijo indica a saída de um estado muito angustiante, que é a vivência do *corpo despedaçado*. O corpo despedaçado é o corpo pulsional, real, sem imagens e sem sentido, e o estádio do espelho "faz com que o bebê não se sinta mais aos pedaços, mas como Um". Dessa forma, o eu constitui-se como objeto.

Essa imagem corporal do eu primordial é condição para que o sujeito se reconheça e, consequentemente, reconheça os objetos do mundo humano. Comparada com os animais, que possuem um saber instintivo que organiza as relações com o meio, a relação do *infans* com os objetos deve ser constituída, ou seja, subjetivada através da mediação com a imagem do outro.

Portanto, é o outro como imago que opera sobre um organismo fragmentado e despedaçado, constituindo, nessa operação de identificação, a unidade subjetiva. O que o *infans* tem devolvido pelo espelho, pela mãe ou pelo Outro é uma *Gestalt* cuja função é ser estruturante do sujeito no nível do imaginário. O que, sobretudo, é demarcado aqui é a distinção entre o *Innenwelt* (mundo interno) e o *Umwelt* (meio ambiente). A imagem do corpo dá ao sujeito a primeira forma que lhe permite situar o que é e o que não é *eu*, marcando que a questão do *eu* ou do corpo próprio, para o homem, passa pela constituição de seu espaço. No estádio do espelho não se trata de uma fase transitória ou de um processo, mas de uma estrutura.

A imagem corporal é, pois, a condição das identificações secundárias na história de cada sujeito. O mito de Édipo é antecedido teórica e estruturalmente pelo mito de Narciso.

Primeiro tempo lógico do Édipo: "*Ser ou não ser o falo.*" Vimos que, no estádio do espelho, embora na criança já se esboce um sujeito, nem por isso ela deixa de estar numa relação de indistinção quase fusional com a mãe. A criança encontra-se, nesse primeiro momento do Édipo, numa relação de assujeitamento ao desejo da mãe, identificada ao seu objeto de desejo. O estado de indistinção que domina essa relação é facilitado pela proximidade entre a mãe e a criança, já que a primeira satisfaz as necessidades da segunda cuidando dela. A proximidade dessas trocas coloca a criança em situação de se fazer objeto do que é suposto faltar à mãe. O objeto de desejo da mãe suscetível de preencher a falta é o falo, entendido como aquilo que, no nível do simbólico, preenche o vazio que marca a incompletude humana. A criança quer se constituir ela mesma como falo materno. Essa é uma questão crucial, uma vez que sua existência depende não só dos cuidados básicos, mas, essencialmente, de que ela ocupe um lugar no desejo do Outro que a acolhe.

Na realidade, mais do que uma relação fusional, dual, criança-mãe, deve-se, desde o início, postular uma relação triangular: criança-mãe-falo. Lacan torna isso claro ao afirmar, em *O Seminário*, livro 5: *As formações do inconsciente*, que "a relação do filho com o falo se estabelece na medida em que o falo é o objeto do desejo da mãe". O falo de que trata esse esquema é o falo da história da infância materna, ou seja, seu Édipo, à medida que o filho vem ficar no lugar do falo que não recebeu de sua mãe e foi buscar em seu pai. A partir do que lhe falta, a mãe coloca o filho no lugar do falo, e essa construção lógica só é possível pela equivalência simbólica proposta por Freud: "bebê=falo".

O lugar do falo, como terceiro termo, como significante da falta nesse triângulo primordial, significa que, de início, nem a mãe nem a criança são um todo: a cada uma falta algo. O falo representa o que falta à mãe para que ela possa ficar completa pela mera presença da criança, assim como representa o que falta à criança para que esta possa se satisfazer pela presença da mãe.

Se o falo é o significante da falta a estruturar o desejo para além da demanda e da necessidade, a posição da mãe frente a esse significante será um dos fatores mais decisivos para a criança poder se situar como desejante.

Sobre essa articulação do desejo do Outro com o falo incide ainda um outro fator igualmente determinante: o momento em que o falo adquire sentido no desejo do Outro. Para isso, é preciso que o pai apareça como o representante efetivo do lugar onde o falo é dado à mãe enquanto significante de seu desejo.

Desde o texto "Sobre a significação do falo", Lacan nos ensina que o futuro da criança depende da Lei introduzida pelo pai e da colocação em ato dessa Lei. É no triângulo edípico que o sujeito deve encontrar seu lugar – lugar a partir do qual poderá interrogar o desejo do Outro.

Vimos que a referência ao falo é central na obra de Freud e, se o pai aparece como estruturalmente terceiro na situação edipiana, é porque o falo é o elemento significante que lhe é atribuído.

A partir da releitura de Freud, Lacan insiste na incidência desse quarto elemento na triangulação dos desejos recíprocos do pai, da mãe e da criança; não pode haver, segundo Lacan, outra triangulação edípica que a do desejo em relação ao falo.

Isolando a função imaginária do falo, Lacan pôde dar um fundamento à operação simbólica da castração. E, conjugando a triangulação fálica imaginária (mãe – criança – falo) e a triangulação simbólica edípica (pai – mãe – criança), articulou verdadeiramente o complexo de Édipo ao complexo de castração.

O Édipo freudiano, o da relação entre pai e mãe, é inscrito na formulação lacaniana pela substituição do significante do Desejo da Mãe pelo significante Nome-do-Pai.

$$\frac{NP}{DM} \cdot \frac{DM}{x} \longrightarrow NP\ (A/\text{Falo})$$

Essa é a fórmula da metáfora paterna apresentada em "De uma questão preliminar a todo tratamento possível da psicose".

Vejamos a significação de cada termo:

NP = significante do Nome-do-Pai
DM = Desejo da Mãe
x = significação desconhecida para o sujeito
A = Outro
F = falo

Podemos ler esse matema da seguinte maneira: o Nome-do-Pai vem barrar o Desejo da Mãe, dando a esse "x" desconhecido uma significação, por meio da qual o Nome-do-Pai inscreve o falo no Outro. A resposta que o Nome-do-Pai possibilita é a significação fálica, significação dada ao enigma do Desejo da Mãe.

Mas o que é o Desejo da Mãe?

Nessa fórmula da metáfora paterna, o Desejo da Mãe é escrito com D maiúsculo para indicar que ele traduz, na verdade, uma vontade sem Lei. Essa Lei materna é onipotente, incontrolada, insensata – é o puro capricho. Esse é o primeiro tempo do Édipo, no qual a criança fica à mercê dos caprichos do Outro materno, que responde segundo a sua vontade.

O "x" é a significação desconhecida para o sujeito, é um enigma para ele. A metáfora paterna responde à pergunta: o que deseja o Outro (mãe)? Qual é o motivo de suas idas e vindas? O que é essa "outra coisa que mexe com ela"?

A resposta é o falo, significante do desejo do Outro, paradigma de toda significação. O significante do Desejo da Mãe é o significante primordial que tem prioridade sobre qualquer significação, e a criança só tomará conhecimento do significado desse significante primordial quando o pai o disser.

Lacan esclarece que uma metáfora é um significante que vem no lugar de outro significante. É, portanto, a operação efetuada pelo Nome-do-Pai que fornece o significante do desejo, ou seja, a substituição do desejo enigmático da mãe por um significante que é o Nome-do-Pai.

O pai está presente desde o início, mas "velado" na palavra da mãe, e só se revelará quando revestido do significante da metáfora. Lacan afirma que podemos resolver os impasses do Édipo postulando a intervenção do pai como "a substituição de um significante por outro significante", em outras palavras, substituindo o Desejo da Mãe pelo Nome-do-Pai. Com o advento da metáfora paterna, o Desejo da Mãe é barrado e, como resultado dessa operação, temos a inclusão do Nome-do-Pai, significante da Lei no Outro e da significação fálica, testemunha da inscrição da castração.

O lugar reservado pela mãe à palavra do pai é necessariamente isomorfo à operação de introdução da criança na lógica fálica, a chamada metáfora paterna. Isso porque, num primeiro tempo, trata-se de como a mãe aceita a simbolização da Lei quanto a ela mesma; de como ela se sente em falta-a-ser.

Portanto, se o pai não desempenha um papel real no triângulo mãe-criança-falo imaginário, a criança fica submetida à economia do desejo sob a égide do falo imaginário.

Nesse primeiro tempo do Édipo, encontramos a criança em pleno domínio do ser, como o objeto fálico supostamente desejado pela mãe. Para garantir a presença da mãe, prova de seu amor, a criança busca ilusoriamente tornar-se o objeto que poderia satisfazê-la. Como esse objeto é essencialmente um objeto imaginário, resulta que a identificação fálica da criança nesse estágio é estritamente imaginária. É a identificação com um objeto suscetível de preencher a falta do outro.

Esse primeiro tempo do Édipo corresponde também ao momento da formação do *eu* por intermédio da imagem do semelhante, que, como vimos, Lacan formulou como estádio do espelho.

Se a criança se fixa nesse nível identificatório, estamos em pleno domínio da psicose.

Segundo tempo lógico do Édipo: "*Ter ou não ter o falo.*" O segundo momento do complexo de Édipo caracteriza-se pela intervenção do pai, que, na configuração mãe-criança-falo, exerce uma dupla função. Em primeiro lugar, em relação à criança age sob a forma de interdição à mãe, o que implica uma renúncia a ser o objeto de seu gozo. Já quanto à mãe, o pai a priva do falo que supõe ter, ou seja, barra o gozo da mãe impedindo-a de considerar a criança como objeto de seu gozo. Aqui está em jogo o pai imaginário, que aparece para a criança como um "outro", como um objeto fálico cujo surgimento impõe uma rivalidade. A criança vê o pai como um falo rival junto à mãe.

A intervenção paterna desenrola-se, nesse momento, em vários registros: em primeiro lugar, em relação à criança, já que o pai surge como o interditor, como aquele que tem direito à mãe. O que o pai interdita é uma satisfação incestuosa, ou seja, ele introduz a referência à lei da proibição do incesto. Em segundo lugar, em relação à mãe, o pai intervém como aquele que a priva de um objeto simbólico, o falo, que ela possui sob a forma da criança, identificada com o objeto de seu desejo. A mensagem do pai à mãe significa que ela não poderá reintegrar o seu produto.

Nessa perspectiva, o desejo da criança passa a estar na dependência de um objeto que o pai é suposto ter ou não. A intervenção do pai mediatizando o Desejo da Mãe, que o reconhece como lei, permitirá o encontro da criança com a lei do pai: uma vez que ele é suposto deter o objeto de Desejo da Mãe, situa-se no lugar de pai simbólico. A criança é forçada não apenas a não ser o falo, como também a não tê-lo, como a mãe, incidindo aí o complexo de castração. Nesse momento, é decisiva a relação que a mãe mantém não com a pessoa do pai, mas com a palavra do pai no sentido de reconhecer a sua lei.

O processo de simbolização se inaugura nesse segundo tempo do Édipo, que se pode correlacionar ao jogo do carretel (*Fort-Da*), descrito por Freud em "Mais além do princípio de prazer". Freud observa a brincadeira de seu neto de um ano e meio de idade com um carretel de madeira e um pedaço de cordão amarrado em volta dele. O menino segurava o carretel pelo cordão e com muita perícia arremessava-o por sobre a borda de seu berço, de maneira que o carretel desaparecia por entre as cortinas, ao mesmo tempo em que ele proferia seu expressivo "o-o-ó". Depois, puxava-o para dentro do berço e saudava seu reaparecimento com um alegre "da".

Freud oferece sua interpretação da cena afirmando que, com esse jogo, a criança representava as ausências e presenças da mãe, simbolizadas na palavra *Fort*, representando a ausência; e *Da*, a presença. Dessa maneira, a vivência dolorosa da separação da mãe, sofrida passivamente, passa a ser vivenciada de modo ativo pela entrada em cena da linguagem. A oposição dos dois fonemas – *Fort-Da* – indica para Lacan o protótipo da entrada na estrutura da linguagem. A simbolização introduz uma mediação da linguagem na relação mãe-filho, ou seja, as relações da criança com a mãe deixam de ser imediatas e passam a ser mediatizadas pela linguagem. Mas, para isso, é necessária a intervenção da Lei de interdição, de proibição de a criança constituir-se como objeto de gozo da mãe.

O terceiro tempo lógico do Édipo: "*Ter ou não ter o dom*." O terceiro tempo lógico do Édipo é o do declínio do complexo de Édipo, que é marcado pela simbolização da lei, representada pela função paterna. O pai sai da condição de falo rival da criança junto à mãe e passa à condição de suposto detentor do falo, daquele que detém o objeto do desejo da mãe. Portanto, trata-se agora do "reconhecimento da castração do pai, o que implica a transformação do pai onipotente em pai potente: o pai não tem o falo, mas tem alguma coisa com valor de dom". Lacan define essa dádiva como título de propriedade virtual, com o qual o menino se identifica. O menino reconhece o que ele chama de insígnias do pai. Esse é o momento em que o complexo de Édipo declina e entram em jogo as identificações: o menino, renunciando a ser o falo da mãe, identifica-se com aquele que supostamente detém o falo; a menina encontra uma possível identificação com a mãe sob a forma de não ter, mas de saber onde deve ir buscá-lo. Assim, é o Nome-do-Pai que permite ao homem a significação da virilidade, da qual mais tarde fará uso para abordar outras mulheres, e que permite à mulher "a possibilidade de se situar como objeto de desejo do homem".

Mas nem todo sujeito consegue realizar esse percurso. Na psicose ocorre a *foraclusão* do Nome-do-Pai no lugar do Outro e o fracasso da metáfora paterna. A foraclusão do Nome-do-Pai é "um *não radical* dado à Lei, de modo a não permitir a simbolização do real". É a exclusão, a não inscrição, no discurso da mãe, do significante da Lei paterna.

Quando ocorre foraclusão do Nome-do-Pai, o sujeito tem dificuldade de se posicionar como homem ou como mulher, como pai ou mãe. Muitas vezes o que ocorre é uma identificação com a imagem de um homem ou de uma mulher, de um pai ou de uma mãe. Assim, o psicótico vai se apoiando em suas bengalas imaginárias, mas se é chamado a assumir um desses lugares, ele desencadeia a psicose. O delírio vem, nesse momento, suprir a falta desse significante, pois, conforme afirma Freud, o delírio não é a psicose, o delírio é uma tentativa de cura, de reconstrução do mundo do psicótico.

Portanto, a partir da vivência edípica, as estruturas clínicas podem ser situadas como modos de resposta ao desejo do Outro. Optamos por um desses lugares (neurose, psicose, perversão), mas trata-se de uma escolha forçada ligada a como o sujeito se coloca com relação à falta e, portanto, com relação ao desejo.

Como afirma Antonio Quinet, o diagnóstico estrutural só pode ser buscado no registro simbólico por meio dos "três modos de negação do Édipo" – negação da castração do Outro – que correspondem às três estruturas clínicas. Na neurose, pela via do recalque (*Verdrängung*), nega-se conservando o elemento no inconsciente, e o que é negado no simbólico retorna no próprio simbólico sob a forma de sintoma. Na perversão, através do desmentido (*Verleugnung*), o elemento que é negado é concomitantemente afirmado, retornando no simbólico sob a forma de fetiche. A foraclusão (*Verwerfung*), na psicose, é um modo de negação que não deixa traço ou vestígio. Na psicose, o que é negado no simbólico retorna no real sob a forma de automatismo mental. O termo "foraclusão", como forma de negação, indica por si mesmo esse local de retorno, a "inclusão" fora do simbólico.

Na psicose, por não ser marcado pelo significante da Lei, o sujeito fica submetido como objeto de gozo desse Outro não barrado, Outro absoluto, sem limites.

A Lei materna é totalmente arbitrária, exigindo que o pai intervenha, que impeça a submissão total do sujeito aos caprichos maternos, e ele o fará na medida em que tomar sua mulher como objeto causa de desejo. Essa será a tese desenvolvida por Lacan, em 1975, em *O Seminário*: *R.S.I.*

A criança entre a mãe e a mulher

Em *R.S.I.*, Lacan vai fazer uma revisão de sua concepção da posição paterna, passando também a referir-se ao lugar ocupado pelo pai. O pai, para Lacan, passa a ser tomado como a consequência do desejo de um homem por uma mulher, na medida em que faz da mãe de seus filhos uma mulher, "objeto *a* que causa seu desejo".

Nesse seminário, Lacan apresenta uma nova versão para a metáfora paterna. Não se trata mais de partir do nome, e sim do objeto *a*. Conforme afirma Éric Laurent, "uma noção psicanalítica pode ser abordada tanto pelo significante quanto pelo objeto". Uma das definições do pai a partir do objeto *a* pode ser a que Lacan propõe na lição de 21 de janeiro de 1973, que é a tese da *père-version*: um pai só tem direito ao respeito e ao amor se põe em jogo seu desejo perverso em relação à sua mulher, quer dizer, se fizer de uma mulher o "objeto pequeno *a* que causa seu desejo". A expressão *père-version* (versão do pai) é obtida pela perfeita homofonia com *perversion* (perversão).

Os psicanalistas franceses Bernard Nominé, Philippe Lacadée e Marie-Jean Sauret irão matemizar essa nova concepção da posição paterna em Lacan, conforme segue:

Versão do Pai

$$\frac{\text{HOMEM}}{\$} \longrightarrow \text{desejo de} \longrightarrow \frac{\text{MULHER}}{a}$$

Mas o que é um matema?

Primeiramente, é importante destacar que todo o ensino de Lacan é pontuado pela criação de uma escrita formal de letras, e que é a associação dessas letras que constitui o que ele denomina matema. O matema visa possibilitar a transmissão pela via da escrita, por meio de letras, daquilo que se produz na experiência analítica. Trata daquilo que, "da experiência freudiana, poderia ser ensinável a todo mundo, isto é, científico".

Como ler esse matema?

Aqui, nessa nova versão, o pai é consequência da orientação do desejo de um homem por uma mulher, representado pela flecha nessa estrutura quaternária. A mulher, nessa posição, ocupa o lugar de objeto *a*, que causa o desejo do homem. Só há um sujeito ($), defrontado com o objeto de seu gozo (*a*). Isso justifica a falta de simetria nesse encontro.

A versão do pai – *père-version* –, orientação de seu desejo para a mulher, mãe de seus filhos, tem como consequência a desestabilização da alienação imaginária em que a criança se identificava ao falo materno, assegurando a castração materna, a divisão da mãe. Pois, ao apontar a mulher na mãe, o que o pai põe em jogo é o enigma da mulher que a mãe não pode suprir, sendo a mulher um limite na mãe.

A mãe quer o falo, quer o filho nesse lugar. Segundo Nominé, "a mãe se localiza no lugar do sujeito desejante, ou seja, no lugar do sujeito masculino, que é quem busca do lado do outro o objeto de seu gozo".

Essa outra estrutura, em que a mãe entrará como sujeito desejante e o filho como objeto, será escrita da seguinte forma:

$$\frac{\text{MÃE}}{\$} \longrightarrow \text{desejo de} \longrightarrow \frac{\text{FILHO}}{a}$$

Aqui, temos a mãe colocada num lugar semelhante ao do homem, sujeito desejante ($\$$) que procura o objeto do seu gozo do outro lado, ou seja, no filho (a). Portanto, o filho é causa de desejo para a mãe.

Cabe ressaltar que, diferentemente do homem, a mãe não está completamente situada no lugar do sujeito masculino porque não está totalmente inscrita na função fálica. O lado mulher da mãe faz um limite à mãe *todo-fálica*, e a ausência desse limite deixa aberto o caminho para que a mãe faça de seu filho o objeto de sua perversão. Esse é o lugar ocupado pela criança psicótica.

Se a mãe quer o filho, o que quer a mulher que existe para além da mãe? Esta é a pergunta que Freud se fazia: o que quer a mulher?

Enigma! Impossível responder. Só a mulher é capaz de barrar, de dividir a mãe. A mulher, diz Nominé, "é um limite para a mãe e, além disso, existe o fato de que o filho não está forçosamente na posição em que poderia ser tudo o que lhe falta, ou seja, o filho não pode saturar completamente seu desejo". A falta da mãe introduz o pai. É a mulher que há na mãe que remete o filho ao pai.

Nominé propõe a junção das duas estruturas quaternárias escritas anteriormente e afirma que é a função paterna que vai vincular as duas estruturas, e que o desejo é que dará a sua orientação. A versão do pai – *père-version* – assegura a divisão materna, e é essa divisão da mãe e da mulher que vincula os três personagens do Édipo. São três protagonistas e quatro lugares, e "o que sustenta esse raro equilíbrio é o desdobramento do personagem feminino". A barra colocada entre a mulher e a mãe aponta, na estrutura da família edípica, o furo em torno do qual giram os significantes. Esse furo é a consequência de que não existe A mulher, nem a *mãe-toda*, a cada uma delas falta algo.

Père-version

$$\frac{\text{HOMEM}}{\$} \rightarrow \text{desejo de} \rightarrow \frac{\text{MULHER}}{a} \quad \not{A} \quad \frac{\text{MÃE}}{\$} \rightarrow \text{desejo de} \rightarrow \frac{\text{FILHO}}{a}$$

É o que Jacques-Alain Miller abordará no artigo "A criança entre a mulher e a mãe", ao afirmar que a função paterna preserva a criança de ser tudo para a mãe, na medida em que ela divide a mãe e a mulher. Miller enfatiza que a criança não somente preenche a mãe como divide "no sujeito feminino, que tem acesso à função materna, a mãe e a mulher". No entanto, a criança só terá condições de dividir a mãe caso a função paterna tenha operado anteriormente. A criança não pode ser tudo para a mãe, assim como a mãe também deve desejar outras coisas além do filho.

Entretanto, na constelação familiar da criança psicótica o que se observa é que a mãe é todo-poderosa e o pai não desempenha sua função, pondo em jogo sua fantasia perversa em direção à sua mulher, objeto causa de desejo. Nesse caso, a criança não tem como fazer a divisão entre a mãe e a mulher, acabando, às vezes, por sucumbir ao gozo da *mãe-toda*. Ao trabalhar os diferentes lugares que a criança poderá ocupar na família, Lacan afirma em "Nota sobre a criança" que uma das possibilidades é que ela ocupe a posição de *sintoma da mãe*. A criança que é sintoma da mãe está no lugar de objeto de gozo desta, e não no lugar de sujeito.

Há aí uma espécie de antinomia, pois, se para a criança é condição de sobrevivência ser o objeto da fantasia da mãe, isso não é condição para sua constituição enquanto sujeito desejante.

Ao construir seu próprio sintoma – e isso só é possível se ocorrer a operação da metáfora paterna –, a criança poderá se distanciar desse lugar de objeto, que inicialmente ocupou na fantasia do Outro, para ter acesso ao seu desejo como sujeito.

Retomando a tese de *O Seminário*: *R.S.I.*, temos o seguinte: do lado masculino observa-se a função do desejo e do gozo do pai, que comparece como portador de um traço sintomático – sintoma pai: fazer de uma mulher a causa de seu desejo e a mãe de seus filhos e assumir a responsabilidade por eles. Do lado feminino, a mulher entra como mãe, devendo cuidar dos "objetos *pequeno a*" – as crianças, pelas quais o pai tem cuidado paterno –, que serão deslocados do lugar de objeto condensador de gozo da mãe-toda para o lugar de objeto causa de desejo.

Portanto, ao levar em conta o real do objeto *a*, a tese lacaniana da *père-version* introduz a particularidade do gozo nas relações entre o pai, a mãe e a criança.

É nesse sentido que Lacan afirma, em *R.S.I.*: "É o desejo da mulher, para além da mãe, que impõe a cada sujeito a questão que norteia a constituição da fantasia fundamental: 'Che vuoi?', o que o Outro quer de mim?"

O filho não dá conta de responder a todo desejo da mulher. A mulher por trás da mãe introduz para o sujeito o indizível, a falta, à medida que não está toda no campo do significante. A mulher aparece como limite da mãe.

Em *O Seminário*, livro 5: *As formações do inconsciente*, o esquema da metáfora paterna elaborado por Lacan referia-se à organização simbólica da mãe, que prescindia de um homem ocupando um lugar de pai, logo, não é necessária a presença do pai na família. Uma mãe solteira, por exemplo, pode exercer a função do pai real, na medida em que não faça do filho o único objeto de seu desejo.

Esse último esquema lacaniano, desenvolvido em *R.S.I.*, não exclui o anterior, mas acrescenta a necessidade da presença de um homem que venha ocupar a função de pai nos cuidados paternos com o objeto *a* da mãe, ou seja, seu filho. Esse cuidado particular significa, segundo Laurent, "fazer uso da boa maneira para separar a criança da mãe". Somente aquele que faz essa escolha pode ser chamado de pai. Ser pai, portanto, "é ter tido a perversão particular de se ligar aos objetos *a* de uma mulher". Trata-se do pai que só tem direito ao amor e ao respeito de seus filhos se põe em cena seu desejo perverso no encontro com sua mulher. Para tal, é preciso que a mãe possa orientar o desejo do pai, à medida que, como mulher desse homem, possa ocupar o lugar de objeto que causa o seu desejo. Essa representa a segunda clínica de Lacan, apontando uma nova versão para a metáfora paterna. É importante ressaltar o fato de que há convergência entre paternidade e posição masculina, mas o mesmo não acontece em relação às mulheres, pois ocorre uma disjunção entre ser mãe e ser mulher, entre maternidade e feminilidade.

Assim, uma das mais importantes novidades trazidas por Lacan, na clínica da psicanálise com crianças, é colocar a criança não só em relação ao objeto *a* da fantasia da mãe, mas colocá-la também em relação com o sintoma do pai. Portanto, cabe à criança encontrar uma saída para seu desejo, ou seja, interpretar o desejo da mãe para ir ao encontro da mulher que existe mais além da mãe. Em outras palavras, interpretar o desejo da mãe significa colocar uma questão sobre algo da ordem da mulher na mãe.

Referências e fontes

Todos os textos de Freud consultados e citados constam da *Edição Standard das Obras Psicológicas Completas de Sigmund Freud* (Rio de Janeiro, Imago, 1980).

Na seção "Breve histórico do conceito", a citação de Freud que se encontra na p.12 foi extraída de *Novas conferências introdutórias à psicanálise*, vol.XXII [1933], Conferência XXXIII, "Feminilidade".

A seção "O Édipo na correspondência Freud-Fliess" teve como base a leitura das cartas de Freud a Fliess publicadas por Jeffrey Moussaietff Masson em *A correspondência completa de Sigmund Freud para Wilhelm Fliess – 1887-1904* (Rio de Janeiro, Imago, 1986), de onde foram extraídas as citações das p.15, 16 e 17. A citação da p.14 foi tirada de *Fundamentos da psicanálise de Freud a Lacan – vol.1: as bases conceituais*, de Marco Antonio Coutinho Jorge (Rio de Janeiro, Zahar, 2000).

Para a seção "O mito de Édipo", consultamos o *Dicionário mítico-etimológico da mitologia grega*, de Junito de Souza Brandão (2 vols., Petrópolis, Vozes, 3ª ed., 1997). A primeira citação dessa seção, na p.17, foi extraída de *Mito e psicanálise*, de A.V. Azevedo (Rio de Janeiro, Zahar, 2004). A primeira citação da p.19 foi retirada de *O Seminário*, livro 4: *A relação de objeto* (Rio de Janeiro, Zahar, 1995), em que J. Lacan aborda tanto as teorias sexuais infantis quanto a construção mítica significante da fobia de Hans, demonstrando que as fantasias às quais este se entrega durante a análise equivalem às suas construções míticas. A segunda citação foi extraída de "Televisão", in J. Lacan, *Outros escritos* (Rio de Janeiro, Zahar, 1981).

No artigo "Sobre as teorias sexuais das crianças", Freud se refere às teorias sexuais que a criança elabora ao se deparar com o enigma da sexualidade. Assim como os mitos, essas teorias têm valor de verdade subjetiva para a criança.

Ainda nessa seção, fazemos referência ao artigo de Freud "Análise de uma fobia em um menino de cinco anos" (o caso do pequeno Hans) e a *Totem e tabu* [1913], no qual Freud se refere à forma mítica da origem da Lei, descrevendo a origem das proibições sexuais presentes em todas as sociedades.

A citação da p.20 foi extraída de *O mito individual do neurótico*, de J. Lacan (Rio de Janeiro, Zahar, 2008). Lacan se refere aos mitos em vários momentos de seus seminários. Nesse texto ele trabalha o lugar do sujeito na dinâmica familiar e o mito é apreendido como o conjunto de histórias que são transmitidas a esse sujeito pela tradição oral familiar. A citação da p.22 foi tirada de *Freud, criador da psicanálise*, de Marco Antonio Coutinho Jorge e Nadiá Paulo Ferreira (Rio de Janeiro, Zahar, 2002).

Com relação à seção "O complexo de Édipo na obra de Freud", utilizamos os seguintes textos de Freud: "Três ensaios sobre a teoria da sexualidade"; "Sobre as teorias sexuais das crianças", de onde extraímos a citação da p.26; "O ego e o id", de onde foram tiradas as citações da p.29; "A organização genital infantil: uma interpolação na teoria da sexualidade", de onde extraímos a citação da p.31 e a da 32; "A dissolução do complexo de Édipo", em que Freud aborda o final do complexo de Édipo na menina e no menino; "Algumas consequências psíquicas da distinção anatômica entre os sexos", em que analisa a diferença dos complexos de castração e de Édipo na menina e no menino, e do qual extraímos a citação da p.37; *Conferências introdutórias à psicanálise*, "Sexualidade feminina"; *Novas conferências introdutórias à psicanálise*, onde, na Conferência XXXIII, "Feminilidade" (da qual extraímos a citação da p.39), Freud se aproxima de uma possível especificidade da sexualidade feminina enfatizando a importância que o período pré-edipiano tem para a mulher. Aborda ainda a diferença na estruturação dos complexos de Édipo na menina e no menino.

A primeira citação da p.35 e a citação da p.40 foram extraídas de *A relação mãe e filha*, de Malvine Zalcberg (Rio de Janeiro, Elsevier, 2003). Nesse livro, a autora estuda a complexa relação entre mãe e filha e traz inovações com relação às teorizações de Freud. Em seus últimos seminários, Lacan já havia demonstrado o desdobramento da figura da mãe em duas funções: a função materna e a função feminina. Malvine aprofunda esses estudos, demonstrando o quanto essa divisão mãe/mulher é fundamental para que a filha atinja a feminilidade.

Para a seção "O Édipo precoce na teorização de Melanie Klein", consultamos *Psicanálise com crianças*, de Teresinha Costa (Rio de Janeiro, Zahar, 2007), do qual extraímos a citação da p.48. Esse livro, uma introdução aos grandes momentos da história da psicanálise infantil, destaca as contribuições de Anna Freud, Melanie Klein, D.W. Winnicott e Françoise Dolto e apresenta os fundamentos teóricos trazidos por Lacan a esse domínio. O conceito do complexo de Édipo na teorização kleiniana poderá ser melhor compreendido com a leitura do capítulo desse livro dedicado ao desenvolvimento dos principais conceitos da teoria de Melanie Klein.

Consultamos também *Os progressos da psicanálise*, de Melanie Klein et al. (Rio de Janeiro, Guanabara, 1986). Publicado em 1952, contém os quatro artigos que constituíram a base das discussões científicas na Sociedade Britânica de Psicanálise por ocasião das *Grandes Controvérsias*. São trabalhos que visam esclarecer a posição de Melanie Klein e de seu grupo em relação à metapsicologia freudiana. Consultamos ainda *Psicanálise da criança*, de Melanie Klein (São Paulo, Mestre Jou, 1981). As duas citações da p.44 foram extraídas de outra obra da autora, *Contribuições à psicanálise* (São Paulo, Mestre Jou, 1981).

As citações da p.45 foram tiradas de *Mães da psicanálise*, de Janet Sayers (Rio de Janeiro, Zahar, 1992). Esse livro narra a biografia e o percurso teórico de quatro mulheres de destaque nos primórdios da psicanálise: Helene Deutsch, Karen Horney, Anna Freud e Melanie Klein. A autora enfatiza como cada uma dessas analistas recorreu às suas experiências com a "maternalização" e suas vicissitudes no desenvolvimento de uma psicanálise materno-centrada.

A citação da p.46 foi extraída de *A voz na constituição do sujeito e na clínica do autismo: o nascimento do Outro e suas vicissitudes*, tese defendida por Inês Catão Henriques Ferreira, em 14 de junho de 2006, na Universidade de Coimbra, Portugal, na qual a autora enfatiza a importância da voz na constituição subjetiva.

Com relação às seções "O Édipo no ensino de Lacan" e "Os três tempos do Édipo", usamos os seguintes livros de Lacan: *Os complexos familiares* (Rio de Janeiro, Zahar, 1984); *O mito individual do neurótico* (Rio de Janeiro, Zahar, 2008); *O Seminário*, livro 4: *A relação de objeto* (Rio de Janeiro, Zahar, 1995), do qual extraímos a citação da p.57; *O Seminário*, livro 5: *As formações do inconsciente* (Rio de Janeiro, Zahar, 1999), seminário em que Lacan trabalha os três tempos do complexo de Édipo e do qual extraímos a segunda citação da p.35 e as citações das p.61, 63 e 64; *O Seminário*, livro 7: *A ética da psicanálise* (Rio de Janeiro, Zahar, 1986); *Escritos* (Rio de Janeiro, Zahar, 1998), com destaque para os artigos "Sobre a significação do falo" "Função e campo da fala e da linguagem em psicanálise", fonte da citação da p.51, e "De uma questão preliminar a todo tratamento possível da psicose", do qual extraímos o matema da p.62.

Para essa seção usamos ainda, destacadamente, os livros *Lacan o grande freudiano*, de Marco Antonio Coutinho Jorge e Nadiá Paulo Ferreira (Rio de Janeiro, Zahar, 2005), do qual foram extraídas a segunda citação da p.53, a citação da p.55, as citações das p.59 e 67 e a terceira citação da p.68; *Lacan: a formação do conceito de sujeito*, de B. Olgivie (Rio de Janeiro, Zahar, 1988); e *Os nomes do pai em Lacan*, de Erik Porge (Rio de Janeiro, Companhia de Freud, 1998). Fazemos referência ao livro *Teoria e clínica da psicose*, de Antonio Quinet (Rio de Janeiro, Forense Universitária, 2000), de onde retiramos a segunda citação da p.68; e, ainda, organizado por esse mesmo autor, "Como se diagnostica hoje", in *Psicanálise e psiquiatria: controvérsias e convergências* (Rio de Janeiro, Rios Ambiciosos, 2001), do qual extraímos a citação da p.69.

Consultamos também "Lacan e a família", de Maria Anita Carneiro Ribeiro, in *Verbo de Minas: revista de cultura*, vol.l, n.3 (Centro de Ensino Superior de Juiz de Fora, jul-dez 2001); e *Dicionário de psicanálise*, de Elisabeth Roudinesco e Michael Plon (Rio de Janeiro, Zahar, 1998), do qual extraímos citação da p.50.

Para a seção "A criança entre a mãe e a mulher", foram utilizados os seguintes textos: "Discurso e liame social: apontamentos", de Marco Antonio Coutinho Jorge, in *Saber, verdade e gozo: leituras de O Seminário, livro 17, de Jacques Lacan* (Rio de Janeiro, Rios Ambiciosos, 2002), do qual extraímos a citação da p.71; *O Seminário*, livro 22, *R.S.I.*, livro inédito de Lacan do qual extraímos a citação da p.54, aula do dia 21 de janeiro, a primeira e a terceira citações da p.70, a citação da p.75 e a segunda citação da p.76; e, ainda de Lacan, "Nota sobre a criança", in *Outros escritos* (Rio de Janeiro, Zahar, 2003).

Utilizamos também *A sociedade do sintoma, a psicanálise hoje*, de Eric Laurent (Rio de Janeiro, Contra Capa, 2007), livro do qual tiramos a segunda citação da p.70 e também a primeira da p.76; "A criança entre a mulher e a mãe", de J.A. Miller, in *Revista Opção Lacaniana*, n.21 (São Paulo, abr 1998), de onde extraímos a última citação da p.73; "O que me ensinam as crianças e seus psicanalistas", de Bernard Nominé, in *Revista Carrossel – Centro de Estudos e Pesquisa de Psicanálise e Criança*, ano I, n.1 (Salvador, out 1997); e, do mesmo autor, "Feminidad e maternidad hoy", in *El enigma de la feminidad*, Revista del Grupo de Estudios Psicoanaliticos de Asturias (Foro del Campo Lacaniano, 2004), de onde extraímos as citações da p.72 e a segunda da p.73.

Outro livro utilizado foi *O infantil e a estrutura*, de Marie-Jean Sauret (São Paulo, Escola Brasileira de Psicanálise, 1997), que reúne conferências. Nas de 29, 30 e 31 de agosto de 1997, Sauret aprofundou o estudo sobre o sintoma da criança, retomando a "Nota sobre a criança", de Lacan, publicada em *Outros escritos* (op.cit.). Juntamente com os psicanalistas franceses Bernard Nominé e Philippe Lacadée, Sauret irá matemizar a posição paterna e destacar o lugar ocupado pela criança na dinâmica da família. Os matemas das p.71, 72 e 73 foram extraídos dessas conferências. Bernard Nominé também trabalhou esse matema no artigo “Feminidad e maternidad hoy”, conforme citado.

Leituras recomendadas

Além dos livros citados em *Referências e fontes*, amplamente consultados, recomendamos a leitura das seguintes obras:

Obras completas, de S. Freud (Buenos Aires, Amorrortu Editores, 1996). Apesar de dispormos dessa obra em português, pela editora Imago, sugerimos a utilização da edição em espanhol da Amorrortu, já que os editores da edição brasileira optaram por termos que se aproximam da psicologia do ego, diferentemente do que aparece no original.

O real e o sexual de Freud a Lacan, de C. Conté (Rio de Janeiro, Zahar, 1995); *Introdução à leitura de Lacan: o inconsciente estruturado como linguagem* (Porto Alegre, Artes Médicas, 1989) e *O pai e sua função em psicanálise* (Rio de Janeiro, Zahar, 1991), ambos de J. Dor; *Freud: uma vida para o nosso tempo*, de P. Gay (São Paulo, Companhia das Letras, 1989). Esse último traz ampla pesquisa sobre a história do movimento psicanalítico e os acontecimentos mais marcantes da vida de Freud, além de analisar o contexto socioeconômico e político em que se deu a descoberta dos principais conceitos da psicanálise.

"Édipo: o homem antitético", de Marco Antonio Coutinho Jorge, in S. Alberti e L. Elia, *Clínica e pesquisa em psicanálise* (Rio de Janeiro, Rios Ambiciosos, 2000); "Relatório do I Congresso de Convergência", de Marco Antonio Coutinho Jorge, Paris, 2 a 4 fev 2001, in *Documentos – Revista do Corpo Freudiano do Rio de Janeiro*, ano IX, n.20 (Rio de Janeiro, ago 2003); *O manto de Noé*, de P. Julien (Rio de Janeiro, Revinter, 1997); *Nau do desejo: o percurso da ética de Freud a Lacan*, de D. Maurano (Rio de Janeiro, Relume Dumará, 1995); *Lacan: a formação do conceito de sujeito*, de B. Ogilvie (Rio de Janeiro, Zahar, 1988); *Freud/Fliess: mito e quimera da autoanálise*, de E. Porge (Rio de Janeiro, Zahar, 1998), autor que analisa a complexa relação entre Freud e Fliess; *Uma história social da loucura*, de R. Porter (Rio de Janeiro, Zahar, 1990); e *A família em desordem*, de E. Roudinesco (Rio de Janeiro, Zahar, 2003).

Sobre a autora

Teresinha Costa é psicanalista, mestre em Pesquisa e Clínica em Psicanálise pelo Programa de Pós-graduação em Psicanálise do Departamento de Psicologia Clínica do Instituto de Psicologia da Universidade do Estado do Rio de Janeiro (Uerj) e membro do Corpo Freudiano Escola de Psicanálise – Seção Rio de Janeiro. É coordenadora do Serviço de Psicologia Aplicada (SPA) das Faculdades Integradas Maria Thereza (Famath), em Niterói, onde também é professora, supervisora do estágio clínico e orientadora de pesquisa sobre a clínica psicanalítica com crianças (Pibic). É autora do livro *Psicanálise com crianças* (Rio de Janeiro, Zahar, 2007) e escreveu, dentre outros, os artigos: "Entre supervisão e controle: a psicanálise no SPA da universidade", com Marco Antonio Coutinho Jorge, in Sonia Altoé e Márcia Mello de Lima (orgs.), *Psicanálise, clínica e instituição* (Rios Ambiciosos, 2005); "A pirâmide das heresias: a ética na psicanálise com crianças", in Marco Antonio Coutinho Jorge (org.), *Lacan e a formação do psicanalista* (Contra Capa, 2006); e "A criança e a ética psicanalítica", *Revista Marraio*, n.11 (Rios Ambiciosos/FCCL, 2006).

e-mail: teresinhacosta@corpofreudiano.com.br

Psicanálise **PASSO-A-PASSO**

- **O adolescente e o outro**
  Sonia Alberti
- **Mito e psicanálise**
  Ana Vicentini de Azevedo
- **Sonhos**
  Ana Costa
- **Édipo**
- **Psicanálise com crianças**
  Teresinha Costa
- **Freud: criador da psicanálise**
- **Lacan, o grande freudiano**
  Marco Antonio Coutinho Jorge e Nadiá Paulo Ferreira
- **A sublimação**
  Orlando Cruxên
- **Freud e a religião**
  Sérgio Nazar David
- **O conceito de sujeito**
  Luciano Elia
- **A teoria do amor**
  Nadiá Paulo Ferreira
- **Histeria: o caso Dora**
  Nadiá Paulo Ferreira e Marcus Alexandre Motta
- **A interpretação**
  Laéria Fontenele
- **Freud e a cultura**
  Betty Fuks
- **Política e psicanálise**
  Ricardo Goldenberg
- **A psicose**
  Andréa M.C. Guerra
- **Angústia**
  Sonia Leite
- **Linguagem e psicanálise**
  Leila Longo
- **Para que serve a psicanálise?**
- **A transferência**
  Denise Maurano
- **Depressão e melancolia**
  Urania Tourinho Peres
- **Feminino/masculino**
  Maria Cristina Poli
- **Os outros em Lacan**
  Antonio Quinet
- **A neurose obsessiva**
  Maria Anita Carneiro Ribeiro
- **Arte e psicanálise**
- **Cinema, imagem e psicanálise?**
  Tania Rivera
- **Trauma**
  Ana Maria Rudge
- **A paixão**
  Marcus André Vieira
- **Educação e psicanálise**
  Rinaldo Voltolini